超速

経済学
の授業

東京大学名誉教授
井堀利宏

あさ出版

超速・経済学 とは?

本書の**特徴**はなんでしょうか?

本書の 3 つのポイント

Point 1

社会人が知っておくべき
経済知識を厳選

>> 忙しい人でも 3 時間で
読めて理解できる!

Point 2

経済学の「原理・原則」を
わかりやすく掲載

>> 10 年、20 年後も使える
一生モノの知識が身につく!

Point 3

生徒と先生の授業形式で
経済学を学べる

>> 難しい経済知識が
スラスラと頭に入ってくる!

Plus

東京大学名誉教授 &
著書累計 100 万部以上を誇る著者が解説

本書で扱う内容は?

日常生活で役立つ経済トピックを選んだから、社会を見る解像度がグンと高まるぞ!

東京大学名誉教授
井堀利宏 先生

日本やアメリカなどの経済がどうなるのか将来を見通す力が身につく

こんな人にオススメ!

①世界の
ニュースを
自分の頭で
理解したい

②教養として
経済学の
知識を
手に入れたい

③株や不動産に
役立つ
知識を手に
入れたい

はじめに

　皆さんは、経済学の知識を身につけたら、どんなことに役立てたいと考えているでしょうか。

「世界のニュースを理解したい」
「株や不動産の投資に活かしたい」
「経済学を通して世界のしくみを知りたい」
「ビジネスの商談や営業に役立てたい」
「教養として経済学を勉強したい」

　年齢や社会的立場によってそれぞれ事情は異なるでしょうが、皆さんの頭のなかにはさまざまな思いが巡ったことでしょう。

　ただ、同時に「経済学を学びたいけど、でも難しい印象がある」「普段忙しくて、なかなか学ぶ時間が取れない」と思い悩む人は少なくないのではないでしょうか。

　本書はタイトルの通り、経済学を「超速」で学べる書籍です。

　超速である理由は大きく2点です。

ひとつは、**一般の社会人が世の中の動きを知る上で身につけておきたい経済学の知識を大胆に取捨選択した点です**。経済学の範囲は多岐にわたりますが、本書ではマクロ経済学のなかでも、インフレや円高・円安、国債、金利といった私たちの日常生活に影響を与えるトピックに絞ってあります。

　それぞれのトピックは「原理」「原則」を解説しながらも、学術的な理論は必要最低限に抑え、その代わりに具体的な事例を挟むことで各トピックの骨子を理解しやすい内容としました。本当に大事な部分を押さえたことで、忙しいビジネスパーソンや学生でも3時間で理解できることでしょう。

　もうひとつは、**生徒と先生（私）の授業形式で話を展開していく点です**。私は1981年〜2024年まで都立大学、大阪大学、東京大学で学生に、政策研究大学院大学では、社会人学生に経済学を教えていました。

　その経験から、経済学を勉強し始める人が躓くポイントには共通点があることを把握しています。そこで本書では、一般の人が難しさを感じるポイントを、私一人で話を展開していくのではなく、生徒から読者視点で合いの手を入れてもらうことで、スラスラと読み進められるようにしています。経済学の専門用語が登場してくる場面で、授業形式のメリットを特に感じられることでしょう。

本書は第ゼロ時限〜第7時限の全部で8時限構成です。

最初から読み進めれば、それぞれの時限でお話しした経済知識がつながって、やがては大きな知識の「幹」となるように構成してあります。

1冊を読み終わった頃には、社会人として最低限の知識が得られていることでしょう。

なお、それぞれのトピックは独立していますので、興味あるトピックがはっきりしている人は、知りたい部分から読み進めてもらう使い方でも問題ありません。

経済学を学ぶことは、皆さんのこれからの人生にとって大きな武器となります。**日本やアメリカの経済を見通す力＝社会への解像度がグンと上がるからです。**

本書を手に取った皆さんは、すでに経済学の扉の入口に立っています。私が"水先案内人"となって、生活に役立つ経済知識を得るお手伝いをします。最短で、かつ効率的に、一生モノの経済知識を手に入れていきましょう。

東京大学名誉教授　井堀利宏

0 period

第0時限

経済学は人類規模で実施する思考実験

1st period

第1時限

値段が上がるのは悪いこと？
インフレとバブルの基本

2nd period

第2時限

景気を動かすための
金融政策とは？

3rd period

第3時限

円安と円高は結局、
どちらがお得なのか?

4th period

第4時限

将来を占う
日本はどうすれば経済成長する?

5th period

第5時限

グローバル化は停滞!?
新たな貿易の"枠組み"を知る

6th period

第6時限

経済学から見る戦争の
もうひとつの"顔"

付録 特別授業

財政政策で景気は どれほどよくなるのか?

登場人物の紹介

本書は先生と生徒のマンツーマン形式で授業が展開していきます。
先生役は日本を代表する経済学者、
生徒役は経済が苦手な20代の社会人男性です。
授業を始める前に、それぞれのプロフィールを見てみましょう。

井堀利宏先生

経済学者。名門・東京大学で20年間教鞭を執り、日本の将来を担う学生を6000人以上教える。現在は執筆や講演活動なども精力的にこなす。本書では「社会人が知っておくと、日常生活に役立つ経済学の知識」というテーマのもと、経済学のなかでも重要なトピックを厳選して講義する。趣味はセキセイインコのピーちゃんと遊ぶこと。

生徒

これまで経済を勉強せずに社会人経験を積んできた28歳の会社員。30歳を目前にお金や社会のしくみに興味を持ちゼロからの勉強することを決心する。平日は仕事で時間が取れないことから、超速で経済学を理解できる本授業を受講。ゆくゆくは株や不動産などの投資にも手を出したいと意気込む。

経済学は人類規模で
実施する思考実験

経済学は
なんの役に立つの?

経済の「しくみ＝仕組み」を明らかにする

　皆さん、こんにちは。超速・経済学の授業へようこそ。

　これから8時限にわたって社会人の皆さんに身につけてもらいたい経済学の知識をわかりやすく授業していきます。

　生徒 はい、よろしくお願いいたします。僕は普段見るニュースのなかでも経済関連の話が理解できなくて困っています。そもそも経済学とは何なのでしょうか?

　はい、あなたのように経済学に苦手意識がある人は少なくないでしょう。経済学というと、「なんだかとても難しい学問なのではないか?」と身構える人や、「経済ってそもそもなんだ?」と考えてしまう人もいるかもしれません。

　プロローグとなる本時限では、経済学とはいったい「なんぞや」という前提のお話からしていきましょう。

　私たちは毎日働いてモノやサービスを生み出し、一方では消費しています。モノやサービスを生み出すというと、少し抽象的すぎるかもしれませんが、あなたの仕事に当てはめてみるとわかりやすいでしょう。

　営業職の人であれば、取引先から注文を取ってくることで自社がモノを生産するきっかけをつくっていますし、企画職であれば会社の製品となるモノを生み出すために中心となる役割を果たしているでしょう。販売職であれば、自社の製品を売り出すためにお客さんに接客というサービスをしています。

　生徒 どのような職業でもモノやサービスの生産に関わっているのですね。

　はい、その通りです。私たちが生み出したモノやサービスは、お店やインターネットなどを通して、お客さんにお金を払ってもらって手に入れてもらっています。

　経済学の目的はそれらがどのように分けられて、どのように社会で消費されるのか、またそれらの「しくみ」をより望ましい形にするにはどうすればよいかを明らかにすることです。

　経済の「しくみ＝仕組み」を明らかにすることで、モノやサービスが生み出されて消費される（これを「経済活動」と言います）流れを予測したり、安定した豊かな社会を生み出したりする方策を考えることができます。

　ですから単純に言ってしまえば、**経済学は現実の世界で私たちが豊かになるための方法を考えている学問ということです。**

経済学はどうやって実験するのか

生徒 でも、経済の「しくみ」は目には見えませんよね。どうすればわかるのでしょうか。

　経済学では「しくみ」を明らかにするために、**さまざまな思考実験をしています。**

　皆さんは小学校の頃、理科の授業で実験をしたことがあるでしょう。その実験では粘土やアルミニウム箔などをてんびんなどを使って重さを測ると、形が変わっても重さは変わらないという法則を学んだはずです。このように実験を通じて、ある主張（＝仮説）を明らかにすることを「科学」といいます。

　これから皆さんが学ぶ経済学も立派な科学です。実験の結果や実際のデータを検証することを通じて、さまざまな主張（＝仮説）を明らかにしているからです。

　しかし、ここであなたは次のように疑問に思うかもしれません。

「経済学の実験ってなんだろう？」。

　もちろん、てんびんやフラスコといった実験道具は使いません。経済学では、その代わりに架空の世界を想定して経済社会のしくみを表すミニチュア（＝モデル）を組み立て、それを利用して思考実験を行います。

生徒 思考実験……なんだかおもしろそうです！

架空の世界の合理的な人間とは？

　架空の世界で物事を考えるときには、まず単純な世界でのしくみ（＝モデル）を組み立てると、私たちがお金を稼いだり、消費したりする経済的な活動の流れをはっきりさせることができます。
　まず架空の世界では、感情を一切持たないロボットのような人間たちが暮らす世の中を想定します。まるでSFのようなこうした架空の世界ではすべての人間が「**合理的に動く**」と考えます。

生徒 合理的というのがイマイチ、ピンときません。

　具体的に説明しましょう。
　例えば、ホットドックを買いたいと思ったとき、目の前にパン屋Aとパン屋Bがあるとします。
　パン屋Aで買うのか、パン屋Bで買うのか。
　あなたは味で選ぶかもしれませんし、値段で選ぶかもしれません。なかにはホットドックが包まれた包装紙のデザインで選ぶという人もいるかもしれません。
　合理的人間というのは、「**（味や包装紙などの他の条件が同じなら）一番安い買い物をしたい**」という経済的な動機で動く人たちのことをいいます。

生徒 経済的な動機とは、ここではコストパフォーマンスが優れ

いているかどうかということですね。

　はい、その通りです。
　正確にいえば、「限られた条件のなかで、ある目的を達成するために、もっとも望ましい行為を選択する行動」をする人たちのことです。上記の例では、２つのパン屋という限られた条件で満足度の高い買い物をする人たちのことです。

合理的な行動とインセンティブ

　では合理的人間というのは、どのように満足度の高い行動を取るのでしょうか。ある行動を決定するためには、それを引き起こす原因がなければいけません。
　例えば、消費者（＝家計）が「駅の近くのスーパーで半額セールをやっているから、買い物に行ってみよう！」という行動をするとき、行動を引き起こした原因は「半額セール」という「値段」といえます。
　合理的人間の行動を促す原因のことを難しい言葉で「インセンティブ（誘因）」といいます。

生徒 インセンティブにはどのような種類がありますか？

　半額セールなど買うモノの値段だけではなくて、インセンティブにはさまざまなものがあります。もらえる給料が増えるかもしれないと思ったら、頑張って働こうという気持ちになり、それが

もっと働くという行動に表れます。給料が増えれば、もっと買い物をしようという行動にも結びつくでしょう。これらのインセンティブは「給料」です。

　同じように、**合理的人間の集まりである会社（＝企業）でもインセンティブが重要**です。得られる利益（＝インセンティブ）が増えるかもしれないと思えば、機械をもっと購入したり、より多くの人を雇ったりして、より生産を増やそうという行動になります。つまり、インセンティブをもとに合理的な人間は経済的な行動を決定するのです。

　以上のように、架空の世界に生きる合理的な人間がどのように行動するのかを、経済学ではさまざまに想定したモデルを利用して、思考実験しています。

架空の世界の思考実験を現実世界に当てはめる

架空の世界の実験を現実世界に活かす

架空の世界の経済モデルに住んでいるのは抽象的な人である合理的人間です。

一方で、現実世界に住んでいる私たち（消費者＆企業）も基本的には自らの利益（満足度の高い）を最大化するために行動すると考えられます。

生徒 どのような行動でしょうか？

例えば、あなたがケーキ屋でケーキを選ぶとき、商品の値段が同じだったらどの種類を選ぶでしょうか。ある人はチョコレートケーキでしょうし、ある人はチーズケーキかもしれません。いずれにしても、その人にとってどれくらいの満足度を得られるかでケーキの種類を決めるはずです。

同じように、私たち消費者も企業も、モノやサービスの品質と値段を見て、それらから得られる満足度や生産からの利益が最大

になるように行動をしているのです。

　すべてが同じというわけにはいきませんが、現実の世界でも架空の世界と同様に、満足度が高くなる行動が重要だったり、それを引き起こすインセンティブといった合理性が重視されたりするということです。

　生徒　架空の世界も現実の世界も類似しているということですね。

　そうです。先ほど、経済学の目的は現在の世界で満足度の高い経済生活を実現することだと述べました。ではそれをどうやって行うかというと、経済学では、次のように段階を追って物事を考えます。

　まず、架空の世界で合理的な行動をする消費者（家計）や会社（企業）の簡単なモデルを構築します。そこから徐々に現実的な条件（例えば、お金持ちと貧しい人などの格差や中小企業と大企業の格差など）を想定した複雑なモデルに広げます。

　そして、現実のさまざまな経済データを見て、理論的な仮説がどれほど現実世界に当てはまるのか、その程度をチェックします。上記の流れを繰り返すことで、現実の経済的な活動をうまく説明できるモデルを練り上げていくのです。

　構築されたモデルは、経済の動きを予測したり、安定した豊かな経済を生み出したりするために使われます。現実の世界の私たちが豊かになるための方法を、経済学では考えているというわけです。

図0-1　経済学のイメージ

架空の世界

合理的な
人間を想定して
思考実験をする

仮説が
現実世界に
当てはまるかチェック

現実の世界

構築した
モデルを使い
豊かな経済をつくる

最初は簡単なモデルから考えて
複雑なモデルへと広げて理論を練り上げる

＼ ココもポイント ／

架空の世界のモデルを現実世界に当てはめていく
過程では、不完全な環境や非合理的な行動をする
人を想定することもあります。また、最近ではモ
デルを用いた仮想的な思考実験ではなくて、本当
に実験室をつくって、そこでバーチャルな私たち
（＝家計）や企業の役割を持たせる被験者の行動
を調べて、モデルから導かれる経済的な仮説を
チェックしたり、政策の効果を確かめたりする試
みも盛んになっています。

複雑な経済活動を
コントロールするのは誰?

経済状況が変われば価格もコストも変わる

生徒 架空の世界で構築されたモデルは現実の世界でうまく機能
するのでしょうか?

　モノやサービスを生産したり、それを分配したり、消費したり
するという経済のしくみは現実の世界では当然ながら複雑です。
**現実の世界はいつも同じ環境ではなく、経済状況が変化すると必
ずしも当初に考えていた理論通りにはいかないこともあるからで
す。**
　例えば、自動車メーカーは燃料や原料が高騰すれば、モノ(ク
ルマ)を製造する費用(コスト)がそれ以前よりもかかります。
そのため利益を最大化しようとしていた企業は生産を抑制した
り、もっと効率的な方法を導入したりして、生産性を上げようと
するでしょう。あるいは、モノの価格を上げたり、採算の低いモ
ノを生産するのを止めたりするかもしれません。その代わりに、
もっと利益が発生する他の商品ラインナップに変えてしまうこと

も考えられます。

　また、私たちのモノやサービスのやり取りが常に安定して、順調に行われていればいいのですが、あまりに極端な変動（インフレやバブル、あるいは景気の過熱や不況など）が起きると私たちの生活は成り立たなくなることもあります。

　予想以上に景気が悪くなって、お給料が極端に減ってしまったり、さまざまなモノの値段が極端に上がってしまったりして、必要なモノが手に入らなければ、国内外で争いのもとになったり、最悪の場合、多くの人々が仕事を失って生きていけなくなったりすることもあるでしょう。私たちの生活は不幸せな状態になってしまいます。以上のように、単純化された架空の世界で考えるよりも、現実の経済世界はもっともっと複雑なのです。

　生徒 では、どうすればいいのでしょうか？　きっと何か手段があるんですよね。

　鋭いですね。複雑な状況で現実の消費者や企業の行動を適切にコントロールしたり、私たちの不幸せな事態を避けるためにあるのが、「政府」という機関と「中央銀行」という機関です。

　人や会社はさまざまなインセンティブによって経済活動をするわけですが、政府と中央銀行は彼らの活動がうまくいかなくなったときにインセンティブを刺激して操作しようとするのです。

　例えば、景気が悪くなって、人や会社の活動が鈍っているなと思ったら、経済活動を強めるための「刺激」を与えます。逆に、景気が過熱し過ぎている場合は、経済活動を弱める方策をとりま

す。政府や中央銀行は、さまざまな政策手段を使って、ともすれば不安定な経済の活動を調整して、安定的に維持＆発展させる役割を担っています。

4者の登場人物（＝アクター）が 経済を動かしている

　ここまで述べたように経済学の主要な登場人物は私たち（家計）、会社（企業）、国（政府）、中央銀行です。本書ではこの4者を中心に、私たちの経済活動についてお話を進めていきます。

　経済学を学べば世界の見え方は変わります。
　あなたの周りには、ニュースを見ながら「これから景気が悪くなる」なんて予測をしている人がいるかもしれません。経済学の知識や将来を見通す力はビジネスをする上で役に立ったり、老後のためのお金をつくろうと思ったりする時にとても役に立ちます。

生徒 なんだか早く経済学を学びたくなってきました。

　はい、ありがとう。18世紀以降、蓄積された経済政策の結果（失敗もあれば成功もあったでしょう）を学術的に検証する先人達の研究から、経済政策の知見はやがて経済学という学問の形に発展してきました。経済学を知ることは私たちの先人が積み上げた経済活動のしくみ（＝原理・原則）を知ることでもあります。
　第1時限からはそうした経済学の原理・原則をわかりやすくお伝えしていきましょう。

1st period

第1時限

値段が上がるのは
悪いこと?
インフレとバブルの基本

NETFLIXと
スーパーマーケットで
わかる値段のしくみ

economics

NETFLIXから見る需要と供給

経済学の視点で考えるとき、インセンティブの代表的な要素に「値段」があるとプロローグでお話ししました。

もしかしたら皆さんは、「値段が上がれば生活は苦しくなる、値段が下がれば生活は楽になる」と思っていないでしょうか。

これは正しい解釈とは言えません。

おおざっぱに言えば、経済学では一般的に値段は上がったほうがいいとします。なぜなのでしょうか。

第1時限では、値段に影響を与える「インフレ」と「バブル」について講義していきます。まずは、前提知識となるモノの値段が決まる「しくみ」から説明していきましょう。

突然ですが、皆さんは動画配信サービスの「NETFLIX」を利用したことがありますか？

生徒 はい、家や電車などの移動中に映画やドラマを観たことが

あります。

　NETFLIXはインターネットを通して、好きなだけドラマや映画を視聴できる月額料金制の動画配信サービスです。**同社は2015年に1026円だったスタンダードプランを2021年には1490円にするなど、6年間で45%程度の値上げをしました。**

　一般的に45%も値上げするのはかなり強気といえます。しかし、経済学の視点で考えれば納得のいく説明ができます。

　まず、あるモノに対して欲しいと思う量を「需要」といいます。NETFLIXにおける需要は、視聴者が観たいと思うコンテンツ量のことです。

　一方、そのモノが世の中に出回る量のことを「供給」といいます。NETFLIXでは提供しているコンテンツの量を指します。

　需要と供給とは

> 需要……欲しいと思う量
> 供給……世の中に出回る量

　NETFLIXが値上げした理由はこの需要と供給によって説明できます。

　値上げのきっかけは会員数の増加にありました（＝需要の増加）。人によって見たいコンテンツはさまざまなため、会員数が増えれば、魅力的なコンテンツを多数提供する必要が生じます。ただ、コンテンツの数を増やすなどサービスの質を高めるためには資金が必要です。そこでNETFLIXは値上げを実行し、得た資金

で新たに投資。多数のコンテンツの供給を実施しました。

　つまり、NETFLIXは増加した需要に合わせて供給も増やすために値上げを実施したわけです。供給を増やすためには、新たな投資をするためのお金が必要だからです。

　このように需要が供給を上回ると、一般的にモノの値段は上がります。

図1-1　モノの値段の決まり方

NETFLIXで45%程度の値上げを実施

欲しいけどモノがない。　新たなコンテンツサービスを　新たにコンテンツを
多少高くても買いたい　提供することを決める　提供した分、値段も上げる

需要 UP!!　　供給 UP!!　　需要 DOWN..

高まった需要が少し減少し、供給は少し増加して需給が一致。
その価格で製品は欲しい人にいきわたる

スーパーマーケットから見る需要と供給

　逆に、供給が需要を上回るケースもよくあります。皆さんが目にしたことのある光景ですよ。

　閉店間際のスーパーマーケットを想像してみてください。

　23時閉店のお店で、現在の時間は22時とします。惣菜コーナーでは夕食のお弁当が売れ残ってしまっています。閉店間際で時間も遅いためにこれから売れる可能性も低いでしょう。実は、この状態こそ供給が需要を上回っている状態です。なぜならお弁当はたくさんあるのに、買いたい人がいないためです。

　このとき、あなたがお店の責任者だったらどうしますか。

　生徒　値段を下げてでも、お弁当を売り切りたいです。

　そうですよね。もし**廃棄になってしまえば、売上を増やすことができず、売れ残り分だけ損失が出てしまいます。**このように欲しいと思う量よりも実際に出回っている量が多ければ、モノの価格は下がります。

　これを一般化すると、次のように説明できます。

需要と供給の関係

> **「需要」が「供給」を上回る……モノの価格は上がる**
> **「供給」が「需要」を上回る……モノの価格は下がる**

　欲しいと思う量が実際に出回っている量よりも多ければ、モノの価格は上がる。一方で、欲しいと思う量が実際に出回っている量よりも少なければ、モノの価格は下がる。これが基本です。

　モノの価格は需要と供給の関係性で決まります。

　基本をしっかりと頭に入れた上で、インフレとバブルについて理解していきましょう。

よいインフレとは
どんな状態なのか？

インフレでは需要が供給を上回っている

　インフレ（インフレーション）は、私たちが普段購入している日用品やサービスの価格がどんどん上がる現象です。後述するように、私たちの生活に大きく影響を及ぼします。

　では、質問です。モノやサービスの値段がどんどん上がっているとき、需要と供給の関係はどのようになっているか、説明できますか？

　生徒 モノの値段が上がっているということは、需要が供給を上回っている状態だと思います。

　正解です。需要が供給を上回っている状態です。言い換えれば、需要が大きく拡大しているのに、供給する量が追いついていない状態です。基本的には、これでインフレが発生します。

　例えば、100円のおにぎりが値上げされて120円になったとす

ると、600円で購入できるおにぎりの数は6個から5個に減ります（図1-2参照）。同じ金額で購入できる数量が減るため、お金の価値が下がったといえます。こういった値上げが継続的に続いているときがまさにインフレです。

図1-2　インフレとは？

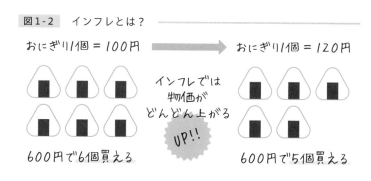

おにぎり1個＝100円　→　おにぎり1個＝120円

インフレでは物価がどんどん上がる　UP!!

600円で6個買える　600円で5個買える

同じ600円で購入できるおにぎりの量が減っている。
つまり、インフレではお金の価値が下がる

　なお、特定の商品だけが値上がりしている状態はインフレとは言えません。世の中に出回っているさまざまな商品の価格がどんどん上がっていく状態がインフレです。

インフレは主に4種類に分けられる

　インフレには4種類あり、よいインフレと悪いインフレに分けることができます。

よいインフレ

①「ディマンド・プル・インフレ」

悪いインフレ

②「コスト・プッシュ・インフレ」
③「スタグフレーション」
④「ハイパーインフレーション」

このなかで重要な①ディマンド・プル・インフレと②コスト・プッシュ・インフレをまずは説明していきましょう。

①ディマインド・プル・インフレの「ディマンド」は日本語で「需要」を意味します。その意味の通り、**需要の増加によって引き起こされるインフレ**を指します。世の中にお金が出回って、人々の財布のヒモが緩んでいて、欲しいモノを買う余裕がある。そのため、需要が供給を上回るほど増えてインフレが起きている状態です（図1-3参照）。

モノが売れる状況では、企業は供給を増やそうとします。製品やサービスの供給を増やすことで売上を伸ばせるためです。**生産の増加は、雇用を増やすことになるので失業率は低下して、経済が活性化する道筋を描けます。**

このようなディマンド・プル・インフレはよいインフレと呼ばれます。企業が労働者の賃金を上げるきっかけにもなるからです。物価が上昇しているために、給与を上げて実質的な賃金の価値を増やそうとする流れが起きるのです。企業の収益が増加して、物価以上に賃金が上昇するという理想的な流れが生まれます。

図1-3　ディマンド・プル・インフレのイメージ ──────────

 人々の財布のヒモが緩んでいて、欲しいモノを買う余裕がある。需要が供給を上回る 価格

 企業は製品やサービスを供給することで売上を伸ばせる 売上

適切な物価の上昇が経済成長へとつながっていく

インフレの程度が強すぎるとよくない

　ただ、ディマンド・プル・インフレが起きればよいのかというとそうではありません。なぜなら、大切なのは「インフレの程度」だからです。

　もし物価の上昇が激しすぎて、賃金の上昇がそれに追いつかない場合、消費者の購買力が低下します。

　例えば、日本を代表するテーマパーク「ディズニーランド」が入園料を値上げしたと仮定しましょう。

　8000円から8500円の値上がりであれば、大きな負担は感じないでしょう。ところが、8000円から1万円に値上がり、その後も1万1000円、1万2000円へと値上がりが続いたらどうでしょうか。同時に私たちの給料も上がれば問題ありませんが、給料の

上昇が追いつかなかったら、実質的に賃金の価値が下がります。私たちの負担が増えたことになり、生活が苦しくなってしまいます。つまり、ディマンド・プル・インフレが起きても、賃金の引き上げがそれに追いつかなければ問題なのです。

生徒 よいインフレとは、ディマンド・プル・インフレが起きて、かつ賃金も同時にアップする現象ということですね。

　はい、その通りです。よいインフレであれば、経済が活性化して、私たちも企業も豊かになっていき、国全体が経済的には理想の方向へと進みます。

悪いインフレとは
どんな状態なのか?

コスト・プッシュ・インフレの原因とは?

次に「悪いインフレ」を見ていきましょう。

②コスト・プッシュ・インフレは、モノを供給するとき、その原材料を仕入れる費用＝コストが上昇することで起こるインフレです（図1-4参照）。

図1-4　コスト・プッシュ・インフレのイメージ

 原材料や物流などの
費用 = コストが上昇

 UP!!
費用

企業がモノの販売価格に
コスト上昇分を反映しようとする

UP!!
価格

物価が上がっている（＝インフレ）のは
経済が活発だからというわけではない

なぜこれが悪いインフレなのか。

　コスト・プッシュ・インフレは需要が供給を上回って発生している現象ではありません。そのため、モノがどんどん売れる状況ではなく、経済の活性化につながりません。あくまでモノを生産するためのコストが上がって、インフレ（物価上昇）が起きているだけなのです。

　生徒　モノが売れている状況ではないのに、コストが上がったら大変な気がします。

　はい。その通りです。企業はコスト上昇分を販売価格へ転嫁しようとしますが、すぐに反映できるわけでもなく、値上げができたとしても需要が減ることで、利益が圧迫されやすくなります。

　企業の利益が上がらなければ、私たちの賃金が大きく上昇することもありません。それでも物価が上がっているために、生活品への支出金額が増加。私たちの生活の負担感が高まるのです。

深刻な事態を引き起こすスタグフレーション

　コスト・プッシュ・インフレが悪い方向へ進むと、より深刻なインフレを引き起こすことがあります。

　それをスタグフレーションといいます。

　スタグフレーションとはどのようなものなのか、順を追って説明します。まずは、コスト・プッシュ・インフレが発生している状況を想定してみましょう。例えば、普段通っているスーパーで、

原材料の高騰などによってマヨネーズ 1 本当たりの値段が200円から、300円に値上げされました。

　消費者からすれば、食費の負担が増えたことになります。給料が上がらなければ、消費者の購買力は減少するでしょう。

　一方で、企業にとってはコスト・プッシュ・インフレの背景となる原材料などのコストの上昇によって、収益が減少している状況です。販売価格を値上げして収益の改善を図ろうとしても、それだけでは企業の経営が苦しい状況に変わりありません。

　このとき経営者に生まれるのが、人件費を抑えるために雇用を抑えるという考えです。コストを削ろうとした矛先が人件費に向くためです。しかし、たくさんの会社が雇用を抑えると社会全体の失業率が増加して、一国の経済が大きく停滞します。

　これがスタグフレーションです（図1-5参照）。

　物価の上昇だけではなく、景気停滞も同時に進むスタグフレー

図1-5　スタグフレーションのイメージ

背景；コスト・プッシュ・インフレで物価が上昇

　＋　

消費者は給料が上がらなければ、
買い控えするようになる

企業は人件費を抑えるため、
雇用を抑える

社会全体の失業率が増加し、
経済の停滞へとつながる

景気停滞＋物価上昇が同時発生

ションは最も避けるべき現象のひとつだとされています。

　過去、1970年代の日本はコスト・プッシュ・インフレとスタグフレーションを経験したことがあります。学校の授業で「オイルショック」という出来事を学んだことはないでしょうか。

生徒 はい、歴史の授業で学びました。たしか、石油が原因で物価が上がった現象でしたよね。

　その通りです。オイルショックの原因は石油価格の急激な上昇でした。
　当時、敵対関係にあるイスラエルとアラブ諸国の間で中東戦争が起きていました。戦争はイスラエルが優勢に進めていきましたが、産油国であるアラブ諸国は石油の生産を削減し、輸出する量を減らす戦略を取ることで形勢逆転を狙いました。

生徒 どういうことでしょうか？

　アラブ諸国の石油は世界各国が輸入していた貴重な資源です。産油国はそれを利用して、イスラエルを支持していた欧米諸国に圧力をかけたのです。
　アラブ諸国が石油の輸出を絞ったことで、石油の需要が供給を上回る状態が意図的につくられました。こうして石油価格は世界的に一気に高騰していったのです。
　石油はプラスチック製品や衣類製品、ガソリンなどに使われる

重要な資源です。さまざまなモノを生産するために欠かせません。その石油が高騰することでモノを生産するコストも上昇し、モノの値段＝物価も上がっていきました。

生徒　まさにコスト・プッシュ・インフレが起きたわけですね。

　はい。当時、モノやサービスの価格の変化を示す「消費者物価指数」の上昇率がオイルショック前は4.9％だったのが、1973年は11.7％、74年には23.2％まで高まりました。
　さらに、その急激に進んだインフレが日本経済全体に悪影響を及ぼして、スタグフレーションも発生しました。すなわち、オイルショック時は物価上昇だけではなく、景気も低迷したのです。高度経済成長で年平均10％を記録していた日本の成長はこのとき終わりを迎えたのでした。

もっと深掘り！

当時、20％を超える日本のインフレ率は先進諸国で最も高い数値でした。景気の減速もアメリカと同様に深刻で、1974年の経済成長率は−1.2％（アメリカは−0.5％）と、終戦後の混乱期以来のマイナス成長となりました。スタグフレーションによる最も厳しい影響を受けたのは、先進諸国のなかでも石油に大きく依存していた日本経済だったのです。

現在も世界で起きている
ハイパーインフレの衝撃

お金が紙くず同然の価値になることも

　ディマンド・プル・インフレ、コスト・プッシュ・インフレ、スタグフレーションと3種類のインフレをここまで紹介してきました。最後に、最も危険なインフレと呼ばれるハイパーインフレを解説していきます。

生徒 名前からして凄そうですね。

　ハイパーインフレはすべての商品の価格が短期間で急激に上昇する現象で、前月比50％以上の物価上昇が継続するインフレなどを指します（図1-6参照）。

　ハイパーインフレが発生すると、自国通貨の実質的な価値が急速に失われていきます。

　考えてみてください。仮に前月比100％の物価上昇があったとします。単純に考えれば、先月は1000円でお昼のランチを食べられていたのに、今月は2000円を支払わなくてはなりません。

44

つまり、1000円の価値がわずか1カ月で半分に目減りしたことになります。

図1-6　　ハイパーインフレのイメージ

インフレとは？
モノの値段が
どんどん上がる

100円　→　110円

100円で買えたおにぎりが
110円を出さないと買えない

ハイパーインフレとは？
インフレよりも
モノの値段の上がる
スピードが異常に速い

100円　→　1万円

100円で買えたおにぎりが
1万円を出さないと買えない

最悪、紙幣が紙くずになる

　急激なハイパーインフレが続けば、極端な例では1万円札が紙くず同然になることだってあります。実際、2007年頃にジンバブエで起きたハイパーインフレでは、レストランで食事をした人たちがレジで大量の札束を支払う光景が話題となりました。

生徒　紙くず同然……。学校の教科書で札束を抱えながら、小さなパンを購入している写真を見たことがあります。

　そうですね、まさにハイパーインフレはそのような状況です。**ハイパーインフレが起きると、通常その国の通貨の保有額を最小**

限に抑え、より安定した外国通貨（＝ドル）に切り替えようとする人が増えます。

生徒 どうしてでしょうか？

　先ほど説明したように、自国通貨が紙くず同然になってしまうからです。このように自国通貨への需要が大きく減少すると、通貨の価値がさらに急激に低下する悪循環に陥ってしまいます。
　その結果、国民の生活費高騰やそれに伴う貧困など経済や社会に対する深刻な影響をもたらしていきます。

2023年にベネズエラで発生した事例

生徒 ハイパーインフレはどのようなときに発生するのですか？

　事例で見てみましょう。
　2023年時点で南米のベネズエラは、年率400％のハイパーインフレに苦しんでいます。わかりやすく言えば、たった１年間で500万円だった年収が125万円に、1000万円あった貯金が250万円にそれぞれ実質的に激減したということです。しかも、継続的にハイパーインフレが起きているので通貨の価値はさらに下がっています。
　同国の通貨であるボリバルは全く価値を持たなくなり、ベネズエラ国民は食料や医療品など生活に不可欠な物資を購入できなくなりました。経済状況が悪化したことで水道や電気などのインフ

ラも十分に機能しなくなり、略奪や殺人が横行するなど治安状況も極めて深刻化しています。

　国際通貨基金（IMF）の予測によれば、ベネズエラ難民の数は2025年までに840万人に達すると推計されており、これはシリア難民を超える数です。

　では、なぜベネズエラはハイパーインフレに陥ったのでしょうか。大きな原因は3つに分けられます。

ベネズエラでハイパーインフレが起きた原因

①石油依存
②政府の放漫な対応
③通貨の過剰供給

　少し難しいかもしれませんので、じっくり解説していきます。

　背景のひとつは産油国ベネズエラが長らく石油産業に依存していたことです。ベネズエラの主要な収入源は石油の輸出から得られるお金でした。しかし、2008年に発生した「リーマン・ショック」によって石油価格が急激に下落して、ベネズエラは経済的に大きな打撃を受けました。

　リーマン・ショックとは、国際的な投資銀行であったリーマン・ブラザーズという金融機関が破綻した出来事です。世界の金融市場が混乱し、世界経済が落ち込むきっかけとなりました。

　景気後退によって世界的に石油の需要は減少。投資家は石油のような価格変動の大きく、リスクのある商品への投資を控えるようになりました。さらに、ベネズエラの政権は石油の採掘会社を

国有化したので、優秀な技術者がいなくなり、石油の採掘も停滞しました。その結果、国の収入が大きく減少していきます。

　ベネズエラ政府は、この状態で低所得者への給付を増やすなど大規模な社会主義政策を実行しました（②）。当然、予算が膨張して、国の借金の発行（＝国債）は増加しました。国の財政が厳しい状況にあるにもかかわらず、大きなばらまき支出を借金で賄っている状態です。ついには国の財政が破綻状態になって、国の信頼が低下。貨幣の価値とその信用は下落していったのです。

　さらに、当時のマドゥロ大統領は財政赤字を補うために通貨の供給を実施しました（③）。今度は、国内通貨ボリバルの供給を急増させて、国内の経済を立て直そうとしたのです。

　ところが、通貨供給の急増に経済活動や生産が追いつきませんでした。さて、どうなったと思いますか？

　生徒　お金がいっぱいあるのにモノがない状況ということですよね。……あ、わかった！　お金の価値が下がるから、物価が上昇したんですね！

　その通りです。モノの需要は拡大したのに供給が追いつかなかった結果、物価が急激に上昇。ハイパーインフレーションはこうして発生しました。

　ベネズエラ国民は2014年頃〜現在まで長いこと貧困に苦しんでいます。ベネズエラを苦しめているこれら3つの要因は構造的なものです。そのため、克服するのはなかなか困難な問題です。

　2024年現在も国内の治安は悪化して、多くの人々が国を脱出

してアメリカへの移住を目指しています。政権がよほどしっかりとした法秩序と財政規律を確立しない限り、立て直すのは簡単ではないでしょう。

　一般的に、ハイパーインフレーションは次のような状況で発生します。

> **ハイパーインフレーションが起こりやすい状況**
>
> ・戦争に敗北して経済が大きく疲弊している
> ・途上国では国の財源になっているエネルギー資源などの輸出価格が下落。政府が税収を集めるのが困難になっている

　いずれの状況でも自国通貨の信用が失われるという点で共通しています。

　ちなみに、かつて第一次世界大戦で敗北した1920年代のドイツではハイパーインフレが起きたことで国民の不満が高まり、それがナチスの台頭にもつながりました。一国の政治体制を大きく揺るがす。それほどのインパクトがハイパーインフレにはあるということを覚えておきたいですね。

モノが安くなるデフレが
好ましくない理由とは？

デフレでは物価がどんどん下がる

物価がどんどん上がる状況がインフレでした。

一方で、**物価がどんどん下落する現象**もあります。インフレとは逆の、この経済現象を「デフレ（デフレーション）」といいます（図1-7参照）。

図1-7　デフレのイメージ

パン1個＝100円　→　パン1個＝50円

DOWN..

デフレでは物価がどんどん下がる

600円で6個買える　　　600円で12個買える

同じ600円で購入できるパンの量が増えている。
つまり、デフレではお金の価値が上がる

　では、質問です。モノの価格が下がるということは需要と供給はどのような関係になっているでしょうか。

生徒　簡単です。需要よりも供給が多い状況ですね！

　正解です。モノがあるのに売れない状況のため、モノやサービスの価格をどんどん下げていく流れが発生してしまうのです。
　極端ではありますが、100円のパンがどんどん値下げされて50円になったとすると、600円で購入できるパンの数は6個から12個に増えます。同じ金額で購入できる数量が増えるため、お金の価値が上がっています。こういった値下げが継続的に続いているときがまさにデフレです。

生徒　私たちにとってはモノが安く買えそうならいいことのように思えます。

　そうでもありません。なぜなら、物価が下落しているときでは、人々はモノやサービスの価格がさらに下がることを期待します。**いま購入するよりも時間が経った後に購入したほうがお得だという心理が働くのです。**
　例えば、新しく冷蔵庫を買いたいと考える人がいたとします。デフレの状況では物価が下がり続けているために、その人は「もっと安くなってから買おう」とするように動いてしまいます。
　1人だけでは大した影響はありませんが、たくさんの人が購入時期を遅らせると消費の抑制につながって、経済の停滞や不況が

生じます。

　そして、デフレが深刻化すると発生するのが「デフレスパイラル」という現象です（図1-8参照）。

図1-8　デフレスパイラルのイメージ

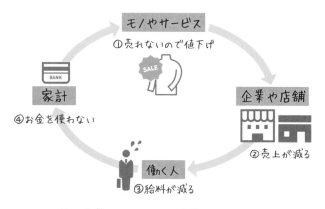

経済の停滞や不況を促す循環が生まれてしまう

デフレスパイラル

① 企業はモノが売れないので値下げ
② 企業の収益が減少し、新たな投資を控える
③ 働く人の給料が減る
④ 私たちはお金を使わないようになる

　上記のように①〜④の流れが循環してどんどん物価が下がって、景気も悪くなっていくために厄介な現象です。なお、日本で

は1990年代後半以降、約15 年にわたってデフレの状況が続きました。

生徒 ニュースでは、「日本は完全にデフレを脱却すべきだ」という内容をよく見かけます。今でも日本はデフレなんですか？

　政治家や専門家のなかにはデフレと呼ぶ人もいます。
　日本では2022年に発生したウクライナ危機を発端としたエネルギー資源の不足によって、コスト・プッシュ・インフレが発生しました。しかし、ウクライナ危機が発生するまでの約10年もの間、日本ではインフレは発生しておらず、ほぼ物価は横ばいの状態でした。
　物価が下がっていたのではなくて、インフレ率がゼロ付近に張り付いている＝インフレが起きていない。それをデフレと呼ぶ政治家や識者の方もいるのです。

生徒 悪いインフレになってもいけない、デフレもよくない。どうすればよいインフレが起きるのでしょうか。

　はい、その点については第 2 時限目からお話をしていきましょう。ここまでの説明を理解できていれば、インフレとデフレの基本は押さえられたと言えるでしょう。

バブルの構造は
ネズミ講と同じ

土地や株式などの資産が急騰する

ここからはバブルについて学んでいきます。

生徒 インフレは身の回りの日用品の値上がりなので、イメージしやすいのですが、バブルは過去の話だし、あまり身近な問題には感じません。

　バブルを甘く見ないほうがいいですよ。もしかしたら、将来皆さんの生活を左右するほどの影響があるかもしれません。
　バブルは、持ち家や不動産、株といった資産価格が高騰する現象です。バブルへの理解が乏しければ、さらなる値上がりを期待して、盲目的に不動産や株の購入に走ってしまうかもしれません。
　やがてバブルが破裂して、資産価格の上昇が終わってしまえば、自分の持っている資産価格は大きく下がり、損失を被ります。しかし、バブルの構造やしくみを理解できていれば、将来的に値下がるリスクも想定した賢い投資判断ができるでしょう。

生徒 バブルを知ることは不動産や株の投資にも役立つということですね。少し興味が湧いてきました。

　では、お話を進めていきます。

　先述の通り、バブルは特定の資産（土地や住宅などの不動産、株式など）の価格が急騰する現象です。その名の通り、バブル＝「泡」が膨らんでいるかのように、資産の価格が急激に上昇して、**やがては「泡」のように破裂。資産価格が急落する特徴を持って**います。

　バブルがどのようにして発生するのか、具体例で見てみましょう。

　あなたは予算3000万円で「Y」という土地の購入を検討していたとします。半年程度様子を見ていると、3000万円だった土地は人気が出て3500万円に値上がりしていました。さらに、その先も急激に値段が上がっていきました。あなたはどう思いますか？

生徒 安いうちに買っておけばよかったと思います。

　そうですね。ある人には「まだまだ値上がるから、今のうちに購入したほうがよいのではないか」という心理が生まれたり、人によっては「購入した土地が値上がりすれば、さらに転売して利益が入るのではないか」という考えも生まれたりするでしょう。

　このように土地の価格が上がり続けると皆が思うと、今買った

ほうが得だという心理が働きます。これがバブルが始まるきっか
けです。

　土地の需要はどんどん増えていくため、値段は4000万、4500
万円、5000万円……といった具合にどんどん上昇。このように
資産が実体を伴わないままに急激に価格が上がっていくことがバ
ブルの構造です。

生徒 「実体を伴わないまま」とはどういうことでしょうか。

　短期間で価格が急激に上昇しても、その土地の利用価値は価格
が上がる前後でなにも変わっていません。なにも変わっていない
ため、実体を伴っていないということです。

　バブルが形成される流れは次のようにまとめられます。

```
バブルが起きる流れ
```
① 投資家や個人が資産価格が上昇すると期待して投資
② 資産価格が上昇し、さらに値上がりが続く期待が生まれる
③ 早い段階で買っておこうという心理が働き、資産価格が
　 さらに上昇

フローとストックを知る

生徒 ところで、なぜバブルは土地や住宅などの資産のみが対象

なのでしょうか？

　いい質問です。「フロー」と「ストック」という視点から、バブルの理解を深めていきましょう。

　フローは「流れ」、ストックは「蓄え」をそれぞれ意味します。インフレの対象となる日用品やサービスは、消費して「流れて」いくフローのモノです。

　一方、バブルの対象となる土地や住宅は、自分の資産として「蓄えて」おくストックのモノです。消費して「流れる」わけではありません。

> **フローとストック**
>
> **フロー……日用品やサービスなど消費物**
> **ストック……土地や住宅などの資産**

生徒 わかるようでわかりません……。

　野菜をイメージしてみてください。ニンジンや玉ねぎのような野菜は、飲食などを通じて消費されます。一部の例外を除いては、そのモノが転売されることはありません。

　ところが、土地や住宅といったストックのモノは、蓄えておきながら転売することもできます。仮に、その資産に高い価値があると感じると、手に入れたい心理が働き、転売を通じて価格が上がりやすくなります。こういった理由から、バブルは資産のみで発生する現象なのです。

バブルが崩壊したらどうなる？

生徒 バブルが崩壊したらどうなるのでしょうか？

　価格は急落し、投資家や持ち家の所有者は大きく損をします。

　先ほどの例でいえば、土地Ｙの本来（経済実勢を反映した実力ベース）の評価は3000万円であったのに、バブルで取引価格は6000万円で成立していたとします。

　Ｙの土地が値上がりをしている段階では、今後も6000万円よりも高い価格で売買が期待できるので、所有者は損失を被るリスクは少ないです。しかし、バブルが崩壊すると、Ｙの土地は3000万円が妥当な価格ですので、急激に価格が下がるでしょう。6000万円の価値を持たなくなって3000万円まで暴落するのです。

　この結果、所有者は大きく損します。もし銀行から借りたお金で土地を購入していた場合は、返済義務だけが残ることになり、資金繰りも破綻します。

生徒 バブルで得をする人はいるのでしょうか。

　はい、います。それは、バブルの最初の時期に安い値段で資産（住宅や株など）を購入して、バブルの最盛期に高値で売り抜けた人です。こうした人が多くいれば、その人達の消費行動も旺盛になりますから、景気にもプラスに働くでしょう。しかし、バブルが破裂すれば、高値で資産を買った人は大損します。バブル経

済ではあとから資産を購入する人のほうが多いので、経済全体で見ればバブル崩壊の悪影響のほうが大きくなります。

ネズミ講との意外な共通点とは？

バブルは「泡」のように破裂して、資産価格が急落する特徴を持っていると先述しました。実は、この構造は「ネズミ講」と同じです。

生徒 え!?　バブルとネズミ講のどこが同じなのでしょうか。

ネズミ講とは、不正な販売や勧誘手法のひとつです。

新規入会者に高額な入会費用を請求して、どんどんと新たなメンバーを増やす勧誘システムが特徴です。新たなメンバーが支払った入会費用によって、リーダーや上位のメンバーが利益を得るしくみです。

一方、バブルでは資産を欲しいと思う人が土地や住宅の価格が上がると予想し、無限に買い手が登場することで、高い値段で転売し続けることが可能です。

ところが、世の中の買い手は無限ではなく、限りがあります。土地などの不動産価格が値上がりしても買い手が無限に出てくるわけにはいきません。いずれ高い値段に見合う価値がないと判断されれば、その需要は減少していくのがオチなのです。

同様にネズミ講も加入者が無限に存在することが利益を得るための唯一の条件です。しかし、人口は限られた数です。どのようなネズミ講でも必ず破綻することは数学的に明らかです。

バブルもネズミ講も、最終的には必ずその資産の需要や、新たな加入者が行き詰まって破綻するということ。最後に買った人が大損をする構造が同じなのです（図1-9参照）。

図1-9　ネズミ講とバブルのしくみ

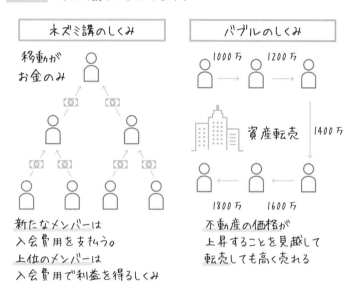

ネズミ講のしくみ

移動が
お金のみ

新たなメンバーは
入会費用を支払う。
上位のメンバーは
入会費用で利益を得るしくみ

バブルのしくみ

1000万　1200万

資産転売　1400万

1800万　1600万

不動産の価格が
上昇することを見越して
転売しても高く売れる

ネズミ講もバブルも最終的には
加入者は行き詰まるし、資産の需要も破綻する

このようにネズミ講と同じしくみを持っていると理解できると、いかにバブルの構造が危ないものであるかが理解できるはずです。ただ、私たちはそれをわかっていても、バブルの落とし穴にハマってしまうことは少なくありません。次項で述べるよう

に、特に日本人には1980年代〜90年代に経験したバブル景気が現在までに続く教訓となっています。

日本のバブル景気は
なぜ起きて、
どのように崩壊したのか?

バブル景気に沸いた日本経済

バブルが崩壊することでもたらされる影響は甚大です。

皆さんはバブル崩壊という言葉を聞いたことがあるでしょう。

1980年代後半～1990年代初めの日本では、バブル景気(バブル経済)とよばれる空前の好景気が訪れました。

きっかけは、1980年代に政府と日本銀行が採用した低金利政策です。低金利政策は、景気をよくするために世の中の金利を低く維持する内容です。これにより、多くの企業や個人が低金利で融資を受け、不動産や株式などの投資が活発化しました。多くの人々は高額の不動産を購入し、銀行からの借入を受けて、不動産に再投資して値上がり益を狙う人が数多く増えました。

その結果、株式市場も急騰して多くの企業の株価が過大評価されました。1989年12月29日には、日経平均株価が当時の最高値となる3万8915円を記録するなど株式市場は大きく過熱したのです。

　バブル景気は生活にも大きな影響を与えました。就職活動は超売り手市場になり、企業は優秀な学生を確保するために、内定者に高級ブランドバッグをプレゼントしたり、ハワイ旅行に連れて行ったりしたという話が残っています。都市部を中心に日本全体でお金が激しく流れていた時代でした。

なぜバブルは崩壊したのか

　ところが、です。

　まだまだ続くと思われていたバブル景気は90年代初めに崩壊。その後、日本は長い不況期に入ることになります。

生徒 なぜ、日本のバブルは崩壊したのでしょうか？

　同じ過ちを繰り返さないためにも、日本人として知っておくべき知識ですね。

　バブル崩壊の原因は2つです（図1-10参照）。

バブル崩壊の原因

①金融引き締め
②総量規制

　①の金融引き締めでは、日本銀行が市中銀行へお金を貸し付ける金利を引き上げました。

生徒 市中銀行とは、どの銀行のことですか？

　特定の銀行を指しているわけではなく、現在のメガバンクや地方銀行など、民間銀行を総称して市中銀行といいます。

　市中銀行が企業への貸出金利を引き上げると、企業は新たに融資を受けるコストが増加します。土地や建物などの不動産業者も同様に新たな借り入れをするコストが増えるため、不動産投資に慎重になっていきました。バブルで過熱していた不動産への需要はこうして減少し、不動産価値も下落していったのです。

　一方、②総量規制の内容を簡単に言うと、土地や住宅などの不動産を買うとき、銀行からの融資額に制限を設けたということです。

　バブル期では、銀行は不動産購入への融資に積極的でした。万が一返済できなかったときでも、顧客の不動産を取り上げれば、銀行は損失を受けるリスクは低いと考えていたのです。しかも不動産価値は値上がりが続くと見込まれていたため、銀行はリスクのない行為と踏んでいました。

　ところが、総量規制によって、銀行は追加融資ができなくなりました。困ったのは不動産業者です。銀行の追加融資が実現することを前提に資金繰りを組んでいたために、返済期日が到来すると支払いができない状態に陥り、次々と倒産する会社が増えました。

　「不動産を持っていても、銀行は融資に応じてくれない」。これまでの不動産投資への信頼が失われたきっかけとなったのです。

図1-10　バブル崩壊のしくみ ────────────────

株価上昇＋好景気

人々は高額の不動産を購入。
銀行からの借り入れを受けて、
不動産に再投資していた

原因①　金融引き締め

金利上昇で企業は
融資を受けづらくなる

不動産への需要が減少し、
不動産の価格が下落した

原因②　総量規制

土地や住宅などの不動産に
融資の制限がかけられる

不動産業者は
返済期日が到来すると
資金ショートになった

バブル崩壊へ

バブルではストックにお金が集まり過ぎた

ここで疑問が湧くと思います。

なぜバブルを止める必要があったのか、という疑問です。

その答えは、バブルが拡大するとお金の流れが「実体経済」に
回りにくくなるからです。フローのモノにお金が回らず、ストッ
クの資産にお金が回りすぎることになる。実体経済に資金が行き
渡らなくなるために、バブルを止めようとしたのです。

生徒 実体経済とはどういう経済ですか？

　実体経済とはフローに関わる分野の経済活動のことです。例えば、農産物、工業製品、エネルギー、建設、教育、ヘルスケア、ITなど幅広い分野です。こういった分野へお金が流れて安定的な需要が生まれることで、企業は生産活動を行って雇用が生まれます。国内外での貿易も活発になります。

　逆に言うと、**実体経済に資金が流入しなければ、失業者の増加や貿易活動の取引の減少などで、景気が悪化するリスクが高まります**。

生徒 なるほど。バブルを止めたのは景気の先行きを考えた結果だったのですね。でも、バブル崩壊の後、日本はどうなったのですか？

　バブル崩壊によって、不動産価格は大きく下落しました。

　当時、銀行は顧客が保有する不動産を担保に融資をしていましたが、その不動産の価値が下落したため、融資していた資金が回収できない事態が発生しました。返済できない人から不動産を取り上げても、不動産の価値が大幅に下がってしまっていたために銀行の損失が増えたのです。

　その結果、1990年代に銀行は回収不能の貸出金（不良債権）が増加し、経営状態が悪化しました。銀行の融資に依存していた多くの企業にも悪影響が生じて、日本経済は長い停滞の始まりとなったのです。

バブルを見極めるのは専門家でも難しい

　皆さんは「もっと早くバブルを食い止めることができなかったのか」と思うかもしれませんね。実は、バブルの初期の段階で、それがバブルかどうかを見分けるのは本当に難しいのです。

　一般的に、**経済の実力を「ファンダメンタル（経済の基礎的条件）」といいます。** 1980年代後半当時、日本経済は好景気でファンダメンタルは拡大していました。

「ジャパン・アズ・ナンバー１」という言葉が流行っており、日本が世界で最も優れた経済大国であると評価されていたのです。不動産取引が過熱し、資産価格の上昇が続いていましたが、当時の不動産の値上がりは実力を反映したものであって、問題ないとみなされていました。実際、当時の専門家の間でも、株価や地価などの資産価格は合理的であると見る人が多くいました。

生徒　今後、バブルが起きることもあるのでしょうか。

　はい、もちろんありますよ。現在、若い人の間でも株式や不動産の売買や保有に興味を持つ人が増えています。バブルへの理解が乏しければ、さらなる値上がりを期待して、盲目的に不動産や株の購入や投資に走ってしまうかもしれません。

　やがてバブルが破裂して、資産価格は大きく下がり、損失を被ってしまう……。しかし、バブルの構造やしくみを理解できていれば、将来的に値下がるリスクも想定した判断ができるはずです。

金利が上がると
なぜ資産価格は下がる?

将来の収益は現在価値で考える

第1時限の最後は、少し難しい話をします。

一般的に、世の中の金利が上がると株式や債券のような金融商品の資産価格は下がります。そのメカニズムについて考えていきましょう。

まず、株式や債券のような金融資産は将来的に収益を得られるものですが、その収益は現時点での価値に置き換えて考える必要があります。そうしないと、正しく価値を把握できないためです。これを現在に「割り引く」といいます。

生徒 「割り引く」とはどういうことですか。

例えば、2024年における100万円の価値と、2025年での100万円の価値は異なります。なぜなら、世の中に金利があるからです。

　2024年の100万円は、銀行預金では預金金利の分だけお金が増えて、2025年では100万円以上になると考えられます。つまり、現在のお金は将来に投資することで100万円以上になるということです。逆に言えば、2025年での100万円が2024年ではどのくらいかを考えるときには、2024年現在の価値に引き戻す必要があります。この考え方が「割り引く」です。

「割り引く」ための指標には金利を用い、現在の価値に引き戻した価値を「現在価値」という言い方をします。

現在価値がわかると合理的に判断できる

　具体的な例で資産と金利の関係を考えてみましょう。

　株式資産Ａを保有すると、１年目、２年目ともに株式資産Ａから収益（＝配当）100万円を得られるとします。世の中の金利は５％です。

　現在100万円の収益の価値は当然100万円です。しかし、２年目に得られる100万円の収益の価値は実質的には100万円ではありません。

生徒 現在の価値に割り引く必要があるのですね。

　はい、そのために簡単な計算を用います。

　まず２年目の100万円を１年目の価値に割り引いた値をＸとします。

　世の中の金利は５％のため、Ｘの価値を1.05倍したものが２年

目での100万円の価値です。逆に考えれば、100万円を1.05で割った95万2000円がXであるとわかります。

２年目の100万円の現在価値

> $X \times 1.05 = 100万円$
>
> $X = 100万円 \div 1.05 = 95万2000円$

　１年目の100万円と2年目の収益の現在価値95万2000円＝195万2000円の2つの収益を得られることが、株式資産Aを保有するメリット（＝株式の価格）です。

　２年分の資産収益を現在価値で合計した値がこの資産の価格です。

　つまり、購入時点で株式資産Aの価格が195万2000円であれば、株式資産Aを保有することは合理的です。

　もし、株式資産Aの価格が200万円だとすれば、200万円の金額で株式資産Aを購入するよりも、100万円は手元に置いといて、残りの100万円を銀行預金したほうが得です。なぜなら、200万円のうち100万円を預金すると、２年目には105万円の収益が得られるからです。もし株式資産Aを保有しても、２年目の収益は100万円にしかなりません。

　逆に、株式資産Aの価格が195万2000円以下であれば、銀行預金するよりも株式資産Aを保有するほうが２年目に100万円だけの収益（預金に預けた場合の収益よりも多い）が得られるため得です。そのため、株式資産Aへの購入希望が殺到します。

金利が上がると現在価値が下がる

　では、このときの金利水準が10％であれば、どのように考えればよいでしょうか。同じように2年目の100万円を1年目に割り引きます。次のように計算できます。

2年目の収益の現在価値

> 100万円÷1.1＝90万円9000円

1年目＋2年目の収益の現在価値

> 100万円＋90万円9000円＝190万9000円

　金利が5％のときと比べると、現在価値の合計は195万2000円→190万9000円と下がっているのがわかります。このように金利が上がると資産価値は下がるのが経済学の原理です。

金利と資産価値の関係

> ・金利が上がると資産価値は下がる
> ・金利が下がると資産価値は上がる

　上記のケースでは、あくまで2年分だけを比較しただけです。しかしこれが無限に続くと仮定すると、少しの金利変動が大きく資産価格に影響します。金利が上がると資産価格は下がる。将来

の収益の「現在価値」を考えるときには、金利で現在価値に「割り引く」という考え方が重要なのです。

　ここでお伝えした知識を使えば、株価の先行きを正しく予測することができます。例えば、毎期の株の配当が10万円でそれが無限に続くとします。また金利は1％とします。この場合の株価は10万円÷0.01＝1000万円になります。もし金利が2％に上昇すると株価は10万円÷0.02＝500万円となって、半分に下落してしまいます。このように、少しの金利の変化でも株価のような資産価格に大きく影響します。株価の先行きを予想することは難しいのですが、金利の動向をみると、株価がどう動くかが判断できるのです。

もっと深掘り！

基本的には金利が上昇すれば、株価は下落します。ただし、金利の上昇が経済活性化を反映したものであれば、将来の株式配当も増加しますので、株価は下落しないかもしれません。金利がどういう経済状況で変動するのかを理解することで、株価の先行きを正しく予想できるでしょう。

景気を動かすための
金融政策とは？

金融政策がわかると
日本やアメリカの
経済を見通せる

インフレやデフレなどを変えるために実施する

　第1時限ではモノの値段が上がり続けるインフレや、モノの値段が下がり続けるデフレについてお話ししました。

　行き過ぎたインフレやデフレが起きてしまうと、景気が過熱しすぎたり、低迷したりすることがあります。その状態を放っておけば日本の経済力を奪い、企業が倒産して失業問題も発生するなど、私たちの生活苦に直結します。

　行き過ぎたインフレやデフレを止めるのはどうすればいいのか。そのための手段が、日本銀行（日銀）が実施する金融政策です。第2時限は金融政策で景気の過剰な過熱や低迷からどのように脱却を図るのかを見ていきましょう。

　生徒　金融政策を学ぶことは、僕たちの生活とどのように関係しますか？

　皆さんが金融政策のしくみを理解することは、今後の日本やア

メリカの経済がどうなっていくかを見通す力を養うことにもつながりますよ。金融政策によって一国の経済動向が変わることも十分にあるからです。

　また、住宅ローン金利や株価にも直接影響を与えるので、住宅購入や株式投資のときに金融政策の動きを参考にする人も多いです。金融政策を理解できるようになれば自分のお金を賢く運用する手助けにもなるでしょう。

金融引き締めと金融緩和の２種類がある

　では、インフレやデフレを止める金融政策の具体的な手段を見ていきます。主に２つあります。

２種類の金融政策

①金融引き締め
②金融緩和

　金融引き締めと金融緩和、どちらも少し難しい言葉なので、たとえ話を用いながら理解を進めましょう。

　質問です。
　みなさんがバーベキューを楽しんでいるとき、コンロの火力が強すぎたらどうしますか。逆に、火力が弱く、火が消えそうだったらどうしますか。

生徒 火力が強すぎるときは、氷などを入れて火力を弱めます。また、火が消えそうなときは、薪を追加したりして、火力が戻るようにします。

　そうですよね。実は金融政策も同じなのです。

　景気が過熱しているのを抑えたり、景気が冷え込んでいる状態を適温に戻したりするために、氷や薪を用います。もちろん本当に氷や薪を使うわけではなく、世の中のお金の量や金利を調節します。つまり、バーベキューでの氷や薪の役割に当たるのが「世の中のお金の量や金利」というわけです。

　例えば、景気がよいとき＝経済がうまく回っているときは、景気が過熱してお金が回り過ぎてしまうリスクがあります。モノの需要が高まりすぎて、物価が上昇し続けるインフレが過度になる危険がある状況です。

　そこで、日銀は景気が過熱しすぎないように、世の中に出回るお金の量を減らす＝「金融引き締め」の政策を実施します（図2-1参照）。先ほどの例で言えば、強くなり過ぎた火力に入れる氷の役割と一緒です。

　一方、景気が悪いとき＝お金がうまく回っていないときは、消費が低迷するデフレ状態です。値段が下がっても需要が高まらない状況です。

　不況が長引く悪い可能性を避けようとして、日銀は世の中に出回るお金の量を増やして経済を活性化させる＝「金融緩和」の政策を実施します（図2-2参照）。先ほどの例で言えば、弱くなり過ぎた火力に入れる薪の役割と同じです。

図2-1　金融引き締めのイメージ

景気がよいとき

世の中に出回る
お金の量を減らす

景気が過熱しすぎている
物価高＋賃金の引き上げが
追いつかない

景気が鎮静化する
高すぎるインフレ率を抑えて、
消費の過熱を防ぐ

図2-2　金融緩和のイメージ

景気が悪いとき

世の中に出回る
お金の量を増やす

景気が冷え込んでいる
デフレになり、
不況が長引く恐れがある

景気を盛り上がらせる
デフレを解消して、
消費を活発にする

　このように日銀が景気を調整するために実施する金融政策は金
融引き締めと金融緩和に大きく分けられます。
　金融引き締めは景気を冷やす、金融緩和は景気を活性化させる、
とそれぞれの役割をまずは覚えましょう。

国債と金利を使って
世の中の動きを
コントロール

国債を売買して世の中のお金の量を調整

前項でお話しした金融緩和と金融引き締めは次の2つの手段を通じて行われます。

金融政策で使われる手段

①公開市場操作
②政策金利操作

① 公開市場操作

中央銀行である日銀と民間銀行との間で、国債のやりとり（売買）を通じて、民間銀行のお金の量を増やしたり減らしたりする方法のことです（図2-3参照）。

生徒 国債とはなんですか？

国債は、借りたお金や利子の支払いを記載した国の借金を示す

証書です。個人が買うこともできるし、民間の金融機関も買うことができます。

図2-3　公開市場操作のイメージ

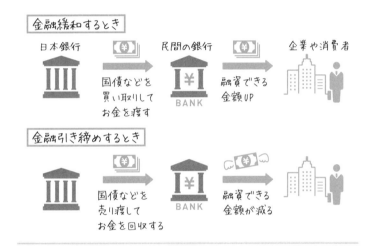

公開市場操作で、**景気を盛り上がらせるために金融緩和＝お金の量を増やしたいときは、民間銀行の持っている国債を日銀が買い取る手段を講じます。これを「買いオペレーション(買いオペ)」**と言います。

民間銀行では国債を売却して得たお金で、資金に余裕ができます。個人や企業にお金を貸しやすい状況となり、世の中の金利が低下。世の中に出回るお金の量が増加する流れが生まれます。その結果、企業が設備投資や研究開発などに力を入れて景気が浮揚しやすい環境が生じます。

逆に、景気を鎮静下させるために金融引き締め＝お金の量を減らしたいときは、日銀の持っている国債を民間銀行に売る、「売りオペレーション（売りオペ）」を実施します。

　民間銀行は日銀にお金を支払うため、保有するお金の量が減ります。企業にお金を貸し出す余裕がなくなり、世の中の金利も上昇。世の中のお金の量が減ることになるため、個人や企業はお金を使わなくなって景気を抑えられます。

　生徒　買いオペや売りオペでは基本的に日銀と民間銀行の間で行われるのですね。

　はい、その通りです。ポイントは政府は関わらない点です。

　というのも、もし中央銀行が国債を政府から購入して政府に資金を与え始めると、中央銀行の通貨の増発に歯止めがかからなくなってしまう恐れがあるためです。

　これはその国の政府の財政節度を失わせ、悪性のインフレ（経済が活性化しているわけではない）を引き起こすこともあり得ます。そのため、日銀が新規に発行する国債を政府から直接引き受けること（国債の直接引き受け）は、「財政法」という法律で禁止されているのです。

　もし直接国債を買い取ることができてしまうと、政府の政策に意図せずに関わってしまう恐れが生まれます。これは長い歴史から得られた貴重な経験であり、日本だけなく先進各国でも中央銀行による国債引き受けは制度的に禁止されています。

もっと深掘り！

国債の買いオペの主な方式には、「利回り入札方式」と「固定利回り方式」の2種類があります。利回り入札方式では、より高い利回りで順に買い入れていく競争入札を指します。利回りが高いほうが買いやすいからです。一方、固定利回り方式では、日本銀行が予め指定した金利で、金額無制限または事前に定めた額まで民間銀行から買い入れを行います。

金利を変更して消費者や個人を動かす

　金融緩和と金融引き締めを実施するための、もうひとつの手段を見ていきましょう。

② 政策金利操作

　日銀が民間銀行に資金を貸し出すときの金利（政策金利）を変化させることで、民間銀行が企業に貸し出す資金の金利を誘導する方法です（図2-4参照）。公開市場操作と同じく、銀行の融資を増やしたり、減らしたりする効果があります。

　政策金利操作で、**景気を盛り上げるために金融緩和＝お金の量を増やしたいときは、政策金利をその時点から引き下げます。**例えば金利を2％から1％へと変更すると、民間銀行は中央銀行からそれまでより低い金利でお金を借りられるため、一般の企業なども民間銀行から、より低い金利でお金を借りられるようになる

図2-4　政策金利操作のイメージ

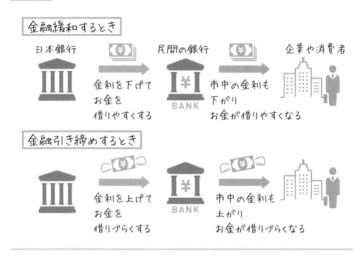

というわけです。そのお金で企業が新しい機械を買ったり、消費者が不動産を買ったりすることで経済を活性化させて、物価上昇と景気浮揚を狙います。

　一方で、**景気を鎮静下させるために金融引き締め＝お金の量を減らしたいときは、政策金利をその時点から引き上げます。**例えば金利を２％から３％へと変更すると、民間銀行は中央銀行からそれまでより高い金利でお金を借りなければなりません。民間銀行が企業や個人へお金を貸し出すときの金利も上昇します。お金が貸りづらくなるため、企業の設備投資や消費者の消費行動は抑制され、物価の過度な上昇と景気過熱を冷やす効果が期待できます。

　なお、政策金利操作では基本的に１年以内のお金の貸し出しに

かかる短期金利を操作しますが、金融機関は1年以上のお金の貸し出しには長期金利という金利も設定しています。

生徒 長期金利もコントロールすることができるのでしょうか？

　長期金利は、基本的には債券を買いたい人、売りたい人による需要と供給による市場の関係性によって決まります。つまり、債券を買いたい人が売りたい人よりも多ければ、債券の価格は上がって長期金利は下がります。一方で、債券を売りたい人が買いたい人よりも多ければ、債券の価格は下がって長期金利は上がります。特に、「10年物国債」は市場で最も流通量が多いため、市場の意思が反映されやすく、長期金利の指標とされています。

　そのため、日銀は10年物国債の買い入れを増減することで、ある程度は長期金利をコントロールすることもできます。長期金利が変動すると、企業の借り入れ金利だけではなく、1年以上の定期預金金利や住宅ローンの長期の固定金利型などにも影響が生まれます。

生徒 短期金利と長期金利はどちらが重要なのでしょうか？

　どちらも重要ですが、景気は数年単位で循環しています。そのため、短期金利のほうに市場の関心は強いでしょう。実際、ニュースでも話題になるのは短期金利のほうが多いです。

公開市場操作と
政策金利操作は
なにが違うの?

金融緩和よりも金融引き締めのほうが効果を見込める

　日銀は1年間に8回程度「金融政策決定会合」を開催しています。インフレーション率や失業率、国内総生産（GDP）、景気の動向といったさまざまな指標を日々分析し、金融緩和や金融引き締めの内容などを決めています。

　生徒 金融緩和と金融引き締め、どちらがより効果がある金融政策なのでしょうか。

　一般的には、金融緩和は効果を上げづらく、金融引き締めは効果を上げやすいと言われています（図2-5参照）。

金融政策の効果の違い

> 金融緩和……効果を上げづらい
> 金融引き締め……効果を上げやすい

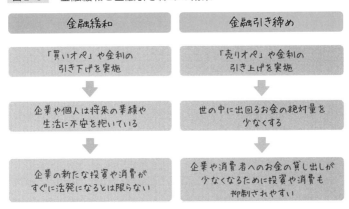

図2-5　金融緩和と金融引き締めの効果

金融緩和	金融引き締め
「買いオペ」や金利の引き下げを実施	「売りオペ」や金利の引き上げを実施
企業や個人は将来の業績や生活に不安を抱いている	世の中に出回るお金の絶対量を少なくする
企業の新たな投資や消費がすぐに活発になるとは限らない	企業や消費者へのお金の貸し出しが少なくなるために投資や消費も抑制されやすい

金融緩和は効果を上げづらく、
金融引き締めは効果を上げやすい

　なぜ金融緩和が効果を上げづらいかといえば、不景気では、企業や個人は将来の業績や生活に不安を抱いている状態です。**買いオペで民間銀行にお金が増えても、企業はビジネスを回していく自信を持てないために、お金を借りたいニーズが生まれないかもしれません。**そうなればお金は民間銀行に積み上がるだけで、金融緩和は目立った効果を期待できません。

　また、政策金利が引き下げられたとしても、将来の経済見通しが暗いままでは新たな投資や消費がすぐに活発になることはありません。むしろ慎重な姿勢を継続する傾向があります。

　政策金利の引き下げに限度があるのも問題です。というのも金利をどんどん下げていって、最終的にゼロまで下がってしまうと、

それ以上の金利引き下げができません。金利引き下げによる刺激効果には限界があるのです。これが、金融緩和で景気を回復させるのは難しいとされる理由です。

　一方の金融引き締めは、そもそものお金の絶対量を少なくします。民間銀行が保有するお金自体が減少しますから、消費者や企業へのお金の貸し出しも少なくなります。

　また、政策金利引き下げとは異なり、上げる分には上限がありません。５％で足りないなら、６％、７％……といったような対応ができます。金融引き締めで金利が大幅に高くなれば、企業や家計の資金借り入れ需要は確実に抑制されます。そのため、金融緩和と比較して、効果を見込みやすいと言えるのです。

生徒 ということはディマンド・プル・インフレは抑制しやすいけど、デフレを改善するのは難しいということでしょうか。

　はい、基本的な理解はそれで問題ありません。
　景気が過熱しているディマンド・プル・インフレでは、金融引き締めすれば効果が期待できます。一方のデフレでは、景気を浮揚させようと金融緩和を実施してもあまり効果が期待できないのです。

お金の量を操作するか、金利を操作するか

生徒 ところで、公開市場操作と政策金利操作は狙う効果は同じだと思います。どう使い分けているのでしょうか？

　いい質問です。両方とも日銀が掲げる政策目標を実現するための手段です。ただ、金融市場の調節の仕方が違います。

　公開市場操作では、お金の量（＝貨幣供給量）を操作することで金融緩和・引き締め政策を実施します。

　一方、政策金利操作では政策金利を操作することで金融緩和・引き締め政策を実施します。お金の量と金利のどちらがより効果的な金融政策を実施できるかで優先順位が決まるわけですが、**日本の場合、2013年から異次元の量的・質的金融緩和が開始されました**（95ページ参照）。

生徒　異次元の量的・質的金融緩和とはなんでしょうか？

　量的・質的金融緩和の「量」とは、金融政策の操作対象を従来の金利からお金の量へシフトし、その増大を狙うことです。

　一方で「質」は国債などの保有額を拡大することを意味します。日銀が国債の買い入れを大幅に増やすことで、市場のお金の量を増加させる取り組みです。

　いずれも、現在の日本では「お金の量」に軸足が移されていることがわかります。**「お金の量」を増やすことで消費者の需要を喚起して、経済を活性化させる方向性に動いているのです。**

日銀がインフレ率2%を
望ましいとする理由

政府と日銀は連携し合ってはいけない?

　金融政策の主役は中央銀行である日銀だと述べました。

　ただし、国の経済を安定させる役割を担っているのは政府も同じです。

　生徒 そうしたら、日銀と政府が協力して経済を活性化させればより大きな効果が発揮できそうですね。

　鋭い視点ですね。**実は、日銀と政府は連携し合わずに独立して経済政策に取り組むべきとされています。**

　一体なぜなのでしょうか。

　政府と日銀の関係性をここでは確認しておきましょう。

　金融政策は日銀が民間銀行に貸し出す金利の上げ下げを調整したり、民間銀行が保有するお金の量を増減させたりすることで景気を調整します。

　一方、政府が景気をよくするために実施するのが財政政策（271ページ参照）です。財政政策も経済の活性化や物価を安定させることを目的としていますが、その手段が違います。

　詳しくは272ページで解説しますが、例えば、景気が低迷しているときには、公共事業の拡大を通じて国の財政支出を増やしたり、税制を改正して税金を減らしたりします。民間の消費や投資を促して、国全体の需要をコントロールして景気の回復を目指しているのです。

　このように政府と日銀はどちらも経済を活性化させたり、物価を安定させたりする施策を実施します。ただ、両者の経済政策への考え方には微妙な違いがあります。その微妙な違いこそが日銀と政府が連携し合うべきではない理由とされています。

選挙を見据えた政府の心理とその行動

　政府と日銀の考え方の違いは、例えばインフレへの対応によく表れます。

　物価が下がり続けるデフレの状況が続くと、経済は活性化しません。投資・消費活動が低迷しているからです。

　このとき、日銀も政府もデフレから脱却してインフレを目指したい点では一致します。

　ところが、両者ではインフレの目標が大きく異なります。

　順を追って政治家の心理から説明していきます（図2-6参照）。

　まず、政府のなかで仕事をしている政治家の多く（与党の政治家）は次の選挙で勝利して与党の地位を維持したいと考えるので、

とにかく直近の経済を活性化させたいスタンスを取ります。経済を活性化させれば、失業率が下がって、たくさんの票を得られる可能性が高まるからです。

　雇用を増やす＝経済を活性化させるには、短期の視点ではインフレ率が高いほど効果が見込めます。具体的には２％程度ではなく、５％、６％といった高めのインフレ率のほうが失業率は減少します。そのため、政府はインフレ率は高いほうがよいというスタンスを取ります。インフレ率の先行きがどうこうよりも、多くの人が露頭に迷わない雇用を重視するのです。たとえ、将来のインフレ率が上昇しすぎるリスクがあったとしても、です。

安定した経済成長を望む日銀の思惑

　一方、日銀は金融の専門家の集団で、選挙で人事が左右されることはありません。日銀総裁の任期は５年です。当面の選挙のことを気にする必要がないので、短期的な視点でインフレ率を考えるインセンティブは働きません。

　むしろ、中長期的にインフレ率が上昇し続けるリスクを心配します。前述のように政府が過度に経済を刺激しすぎると、インフレ率がどんどん上昇して、やがては狂乱物価やバブルのような大混乱が起きかねないからです。

　上記のような大混乱を発生させないためにも、日銀はより慎重なインフレ率が望ましいというスタンスを取ります。政府が高めのインフレを目指したいという誘惑を抑えるために、２％程度のインフレ率を目標に設定するのです。

図2-6　日本政府と日本銀行のインフレへの考え方

日本政府

次の選挙で勝利したい。そのために
雇用を増やして経済を活性化。
高いインフレ率のほうが
失業率は下がるので5&6%を志向する

選挙で人事が左右されることはない。
5%といった高いインフレ率が続くと、
機械も人も消耗する。だから、安定的に
経済を活性化できる2%程度を目標にする

日本銀行

両者のインフレへの考え方は根本的に違う

　わかりやすく言えば、インフレ率は経済活動（例えば、雇用状況）
の大まかな指標（＝人間に例えると体温）と見なすことができる
でしょう。

　2％程度は平熱ですが、デフレは低体温、5％は高体温。低す
ぎても高すぎてもどちらも病気の状態です。

　仮にインフレ率が5％になると、賃金もそれにつれて上昇し、
モノの値段が頻繁に上がるので、消費者は焦って買いだめしよう
とします。企業も今売れるとわかると増産に励み、機械を長時間
稼働させたり、労働者に長時間の残業を求めたりします。無理に
増産すれば、経済も人も疲弊するばかりで、**機械も人もヘトヘト
になって消耗してしまいます。モノをたくさん生産するのには短**

期的には限度があるのです。

　供給能力は徐々にしか増えないから、それに見合って需要も徐々に増えるのが望ましい。そうした持続的で安定的な経済の活性化に対応するインフレ率は、マイルドな水準＝２％程度だと考えられています。

日銀は政府の言うことを必ず聞く必要はない

　インフレの例でもわかるように、政府と中央銀行の考え方は微妙に異なっています。そのため、一般的には金融の専門家である日銀は政治から圧力を受けないことが望ましいとされているのです。政府は日本国内でもっとも権力のある国家機関ですが、なんでもかんでも、日銀が政府の言うことを聞いてしまうと、日銀が望ましい役割を果たせなくなるからです。

　わかりやすく言えば、日銀と政府は会社の上司と部下のような関係と言えるでしょう。

　日銀総裁は政府によって任命されます。政府には人事権があるので、いわば上司のような立場です。しかし、**日銀は上司の意見を聞かなくても許されるような立場でいます。**

生徒 普通の会社では、あまり見られない特別な関係性ですね。でも、それが安定した経済を実現するためには重要ということですね。

　はい、その通りです。

　経済学では、日銀の立場を「**政治的に独立している**」としています。

　ただ、2013年のある出来事をきっかけに日銀の独立性が危うくなっていることが近年では大きな問題となっています。次項では、その「ある出来事」についてお話を進めていきましょう。

政府と日銀が実施した
異次元の金融緩和とは？

日銀はなぜ政府に同調したのか

2013年、日本政府と日銀は共同で声明「アコード」を発表しました。主な内容は、デフレからの脱却と持続的な経済成長の実現に向けて、2％のインフレ率を目標に取り組むことでした。そのために、強力な金融緩和などの政策を推し進めることも確認されました。

生徒 あれ、でも日銀は政府と連携せずに独立すべきだと習いましたが……。

おっしゃる通り、原則論でいえばこれはおかしい出来事です。通常、政府と日銀は経済目標を共同で宣言することはありません。それなのに「2％のインフレ率」を目標のもと手を取り合ったのです。背景には、日本経済に長らく続いていたデフレと景気低迷がありました。

当時の安倍晋三首相は、なんとしてもデフレから脱却して日本

経済を活性化したい強い思惑がありました。一方で、**日銀もデフ
レよりは2％程度のインフレを目指したい考えがもともとありま
した。そのため、政府の強い意向を受け入れる形で政府と日銀と
がバラバラではなく、連携して取り組んでいく姿勢**がはっきりと
示されたのです。

異次元の金融緩和とは？

　皆さんも「**異次元の金融緩和**」というフレーズを聞いたことが
あることでしょう。

　異次元の金融緩和は、日銀と政府が連携して実施した施策で
す。2013年の安倍政権時の経済政策＝アベノミクスを金融面から
支える日銀の黒田前総裁によって実施されました。

図2-7　異次元の金融緩和のイメージ

両者がインフレ率
2％を目指して
協力することに

日本政府

日本銀行

内容
①国債（国の借金）を日銀が無制限に買い入れる
②金利をゼロ水準に引き下げる

経済は活性化しなかった。日銀と政府の金融政策が
一体化したことで弊害も生まれている

図2-7のように、異次元の金融緩和では2つの手法が用いられました。①では国債の買い入れによって世の中のお金の量を徹底的に増やすことを意図しています。②では消費者や企業にとって金利がほとんどゼロならお金を貯め込むよりも、投資や消費をしたり、住宅資金のために借り入れしたりするほうが得な状況を生み出しています。

　こうすることで消費者や企業の需要を刺激。デフレ心理をインフレ心理に転換させることを狙いました。

　なお、他に円高から円安に為替レートを誘導する景気回復を狙っていましたが、こちらは169ページで詳細を説明します。

日銀の政治的独立性が不透明に

　異次元の金融緩和政策を皮切りに、2024年現在まで日銀と日本政府の金融政策は一体化しています。

生徒 なにか問題は起きていないのでしょうか。

　10年以上もの間、異次元の金融緩和政策を続けたことで弊害が生まれています。日銀の国債保有量は年々増加しており、国債の発行残高全体のなかで、日銀が保有する割合が2022年9月末時点で50.26%となり、初めて5割を超えました。

　さて、このことはなにを意味していると思いますか？

生徒 国債は国の借金なので、日銀が政府に対して大量にお金を

貸している状態だと思います。

　その通りです。政府の借金である国債の半分以上を日銀が保有する異例の事態です。なぜ異例の事態かと言えば、先述したように、政府が発行した国債を日銀が直接買い取ることは禁止されているからです。それでも、民間銀行からは買い取ることができるため、このようなことが起きています。

　ただ、**今後も従来のペースで国債を日銀が買い入れることには無理がありますし、異次元の金融緩和では円安が進みすぎる懸念もあります。**

　いずれ日銀は異次元の金融緩和を終わらせて、金利を引き上げる出口戦略を取らなければならないでしょう。

　しかし、金利を上げようとすると、国債の発行の条件が悪化します。世の中の金利が上がると、国債価格が下がるからです。政府は国債価格が下がることを恐れるため、なかなか金利の引き上げを望まないという状況が発生しています。

　また、上記の理由から国債を保有していることに投資家がリスクを感じ始めると、国債価格が暴落する可能性もあります。国債市場に大混乱を招かないで普通の金融政策に戻っていけるのか、日銀の手腕が問われ、注目を集めています。

もっと深掘り！

2024年2月現在、日本経済が活性化して経済が好循環しているわけではないと日銀は考えています。2024年にインフレ率を上回る賃上げが実現し、経済の活性化を伴うインフレ率2%が持続する見込みが確かになれば、日銀の金融政策に利上げの出口戦略が見えてくるかもしれません。

フローだけでなく
ストックの価格動向に注意する

　インフレ率2％を目指すために、日銀は金融政策を慎重に判断して実行しています。最も重視しているポイントが、フローとストックの価格動向です。

　生徒 フローとストックはどのように違うのでしたっけ？

　日用品やサービスは、消費して「流れて」いくフローです。一方、土地や住宅などは自分の資産として「蓄えて」おくストックです。
　フローの財・サービスの価格動向を追っていれば、物価の値上がり、値下がりを把握できます。インフレを抑制するかどうかの判断材料になります。
　ところが、フローの物価ばかりを追い続けると、ストックの資産価格の動きを把握することがおろそかになりがちです。フローの物価とストックの価格とは必ずしも同じように変動しません。フローの物価が落ち着いていても、ストックの価格が上昇することだってあり得るのです。資産価格は変動が激しいためです。
　インフレはフローの財・サービスの値上がりが続くこと、一方のバブルはストックの資産価格の大幅な値上がりが（その基礎的

条件で見たもっともらしい価格から乖離して）続くことです。

　実際に、1980年代後半に日本でバブル景気が発生したとき、株価や地価などストックの資産価格はとんでもなく上昇したのですが、フローの財・サービスの価格動向は安定していました。ストックの動向を注視しなかったために、日銀はバブルの兆候を見過ごしました。

　その反省から、日銀は物価の安定を目指すときには、フロー＝財・サービスだけではなく、ストック＝資産の価格動向にも気を配るようになりました。

国債金利の上昇が
世界経済に悪影響を
与えることも

国債の金利は景気変動で変わる

　ここまで何度も国債というフレーズが出てきました。

　金融政策のなかでも国債の重要性は高いです。事実、金融政策の公開市場操作で、日銀は民間銀行が保有している国債などの金融商品を売り買いして、民間銀行のお金の量を調整することは説明しましたね。

　ここからは国債に焦点を当ててもう少し深い話をしていきます。

　まずは基本からおさらいです。そもそも国債はどういうものでしたか？

　生徒 国が個人や銀行などから借金する証書＝債券だと理解しています。

　その通りです。国債は国の借金を示す証書です。政府がお金を借りるために発行します。お金を貸してくれるのは国債を買う人たちです。

株式や不動産などと同様に、国債は金融商品です。銀行や保険会社、証券会社など「機関投資家」といわれる金融機関のほか、個人の投資家も国債を購入できます。

　彼らはお金を貸す見返りに1年に1〜2回程度、預金のように利子をもらえ、満期になれば元手のお金も戻ってきます。

　例えば、A銀行が期間10年×利率0.2%の額面1億円の国債を額面価格の1億円で購入したとします。

　そのときの利子は下記のようになります。

利子

> **毎年の利子：1億円×0.2%＝20万円**
> **10年間の利子：20万円×10年＝200万円**

　上記に加えて、10年後には元手の1億円が返済されるしくみです。国債を発行するときの金利が上がれば、当然利子の額も増えますし、金利が下がれば利子の額は減ります。

生徒 国債の金利はどのように変化するのでしょうか。

　国債の金利は、国債市場の需要と供給で決まったり（第1時限でお話した値段の決まり方と同じ原理）、景気変動や世の中の金利の上下でも変化したりします。

　例えば景気がよくなれば、物価が上昇しやすくなります。日銀はインフレにブレーキをかけるために政策金利を引き上げて、物価上昇を抑制しようとします。先行きの金利上昇が予想されるこ

とで、長期金利も一緒に上昇。世の中の金利が上がるということは株式や不動産、債券にお金が集まらなくなり、国債の価格も下落。買いたい人が少ないため、金利は上がっていくのです。

国債の金利の上昇はどんな影響がある？

　では、国債の金利が上がったり下がったりすると、国に対してどのような影響が生じるのでしょうか。

　国債の金利が上昇したときは、次のような影響が生まれます。

① 国の財政が圧迫する

　国債の金利が上昇すると、お金を借りている政府が投資家に支払う利払い費が増えます。**利払い費が増えれば、政府の財政に負担が高まります。** 政府の予算が減少するリスクがあるため、政府は財政支出を削減したり、新たな税金の導入を検討したりする必要が出てきます。

② 国の信用格付けが下がる

　国債の金利上昇が国の財政に大きく悪い影響を与えると、国の信用格付けが引き下げられることがあります。「信用格付け」とは国や企業の返済能力を示す基準で、「信用格付機関」が算出しています。

　国の信用格付けが低下すると、その国の返済能力にリスクがあると投資家は判断します。 元手のお金や利子を支払う能力がない（債務不履行）可能性が高いと見なすからです。その結果、国債

の需要が減少。とても高い金利を約束しないと、投資家が国債を
購入しない悪循環に陥ります（図2-8参照）。

図2-8　国債の金利が上がる影響

国の財政を圧迫する	国の信用格付けが下がる
金利を高く設定しないと 国債を投資家に買ってもらえない	国の財政が悪いと判断されれば、 国の信用格付けが下がる
↓	↓
政府が投資家に支払う借り入れへの金利 ＝利払い費が増える	国債の需要が減少するので、 国は借り入れが難しくなる

国債価格の下落でギリシャ危機のような
経済危機が起こることもあり得る

ギリシャ危機から見る国債下落の影響

 ①と②が仮に起きたら、どのような事態が引き起こされる
のかでしょうか。

ひとつ事例を紹介をします。

2010年代初頭に、「ギリシャ危機」という経済財政危機があり
ました。発端は2009年の政権交代で発覚したギリシャの財政赤
字の隠蔽です。ギリシャの財政赤字はGDP比「５％」と公表され

ていたのですが、実際には「13.6％」だったのが始まりでした。

　それが明るみに出ると、ギリシャ国債は金融市場での信用力を一気に失い、格付け会社は信用格付けをすぐに下げました。すると、ピーク時には「36.5％」まで国債金利が大幅に上昇し、ギリシャ国債を買うリスクが高まったのです。

　ギリシャの国債金利が上昇する一方で、国債価格は下落しました。金利と資産価格が逆の動きをすることには触れましたね。

　その影響は国境を越えます。ギリシャに多額の融資していたドイツにまで信用不安が波及し、ドイツ国債の価格なども下落。ギリシャ同様に大きな財政赤字を抱えていたイタリア、スペインなどの国債価格も下落しました。

　さらに欧州の金融機関はギリシャ国債の価格が下落したことで損失が拡大して経営悪化に陥りました。ついには欧州全体の金融機能の低下にまで影響が広がっていったのです。

　当のギリシャ自体は最終的にIMF（国際通貨基金）やEU（欧州連合）から金融支援を受けたものの、景気は大きく落ち込む結果となりました。

　このように国の財政状態の信用度を測る国債の格付けが下がれば、その国に経済的な影響をもたらします。特に国債を外国の投資家が大量に保有する場合、**その国債の金利の上昇によって、世界経済全体にも悪影響を与えることがある**のです。

国債金利の下落は
銀行が困る事態をもたらす

国債の金利が下がるとどうなる？

　今度は国債の金利が低下するとどのような影響が生じるのかを見ていきます。

　では、質問です。国債の金利が低下している状況とはどのようなときでしょうか。

`生徒` 国債の需要が高まっているときです。

　正解です。言い換えれば、金融市場で国債が活発に取引されて、国債価格が上昇している状況です。

　例えば、金融政策で景気をよくするために金融緩和を実施するとき、日銀は国債の買いオペをします。国債を活発に取引して民間銀行が持つお金を増やしているため、国債の金利が低下する要因となります。

　国債の金利と景気の関係をまとめると次のようになります。

国債の金利と景気の関係性

不景気→金融緩和→買いオペ→国債の価格上昇
→国債の金利低下
好景気→金融引き締め→売りオペ→国債の価格下落
→国債の金利上昇

　上記を見てもらえればわかるように、不景気では株価が下落するため、安全資産である国債の価格は上昇して金利は下落します。一方、好景気では他の金融商品に投資資金は流れやすく、国債の価格は下落するために、金利は上昇するのが一般的な流れです。

金融市場と銀行の経営に与えるインパクト

　国債の金利が低下することで発生する影響は大きく2つです。

① 民間銀行の利益が悪化する

　日銀による異次元の金融緩和では、低金利で経済の活性化を目指しています。日銀が国債を大量に購入することで、流通市場で国債の価格は上昇し、国債の金利が低下。金融市場全体に低金利の環境をもたらしました。

　低金利では、民間銀行は貸出の金利と預金の金利差が縮小し、収益を上げにくい状態が生まれます。

　例えば、ある民間銀行は集めた預金を元手にして、国債や貸出の利息から利益を得ていたとします。上記の利益は次の計算式か

ら求められます。

民間銀行の国債や貸出利益

「国債の利息収入（A）＋貸出の利息収入（B）−預金の利息
支払（C）」＝利益

仮にA、B、Cを次のような内容としましょう。
A＝国債の利息収入（50億円、金利0.5%）→0.25億円
B＝貸出の利息収入（50億円、金利1.0%）→0.5億円
C＝預金の利息支払（100億円、金利0.2%）→0.2億円
計算式に当てはめると下記の通りです。

「0.25億円（A）＋0.5億円（B）−0.2億円（C）」＝0.55億円

銀行の利益は0.55億円です。このとき、もし国債の金利が0.5
%→0.3%に低下して、貸出の金利も1.0%から0.5%に低下した
らどうなるでしょうか（※預金金利は下がらないとします）。

民間銀行の国債や貸出利益の変化

国債の利息収入（A）　0.25億円→0.15億円に減少
貸出の利息収入（B）　0.5億円→0.25億円に減少
全体の利益（C）　0.55億円→0.2億円に減少
「0.15億円（A）＋0.25億円（B）−0.2億円（C）」＝0.2億円

上記からわかるように、国債の金利が低下すると銀行の利益は

減少。銀行のビジネスに悪い影響があることがわかります。

　極端な低金利環境では、預金金利がほぼゼロの下限に張りついているので、貸出金利が下がっても預金金利はあまり下げられません。そのため、**銀行の収益は改善せずに、企業への融資も厳しくなり、広く言えば日本経済を活性化させる効果は期待できない**ことになります。

② 将来の利上げで日銀の財政や政府の運営も悪化するリスク

　企業のある時点の財務状況を表す「貸借対照表（バランスシート）」という指標があります。バランスシートでは「預金が十分にある」「借金が多すぎる」など、企業の経営が健全かどうかを把握できます。

　日銀が国債を過剰に保有して金利が低い状態が続くと、日銀のバランスシートは大きなリスクを抱えることになります。なぜなら今後、世の中の金利が上昇して国債の価格が下落した場合、保有する国債の損失が計上されるからです。

　`生徒` 世の中の金利が上がると、国債の価格は下落するんでしたね。

　はい、そうです。日本銀行の試算によると、保有する日本国債の2023年9月末時点の「含み損」は、過去最大となる10兆5000億円でした。先にも説明したように、国債は金利が上昇すると、価格が下がるためです。

図2-9　国債の金利が下がる影響

金融市場全体に低金利をもたらす	将来の利上げで日銀の財務にリスクが生じる
日銀が国債を大量に購入することで国債の金利が低下する	将来的に金利が上昇したとき、国債価格の損失を計上しなければならない
↓	↓
低金利の環境では、民間銀行は収益を上げにくい状態になる	日銀の財務状況は「含み損」によって大きく悪化すると考えられる

投資家が国債を保有していることにリスクを感じると、国債価格が暴落する恐れもある

今後、出口戦略を採用して売りオペ（量的引き締め）が本格化すると、日銀は満期前に含み損を抱えた国債を売却します。国債の価格は下落するでしょうから、日銀の財務状況は大きく悪化するでしょう。日銀は政府へ納付金も収めていますが、その額が減少して国の財政運営に影響が出てくると考えられます。

＼ココもポイント／

満期以前に市場で国債を売却するとき、需給で国債の売却価格が決まります。例えば、新発国債のほうが金利が高ければ、投資家は満期途中の国債（相対的に金利が低い）よりも新発国債のほうを買いたいと考えます。満期途中で国債を売却すると条件が悪くなって、その国債の売却価格は額面価格より低くなります。売却損（キャピタルロス）が生じます。

銀行が倒産したら
預けていたお金はどうなる?

信用不安が起こると本当にまずい

　皆さんは銀行が倒産する事態を考えたことがあるでしょうか。もしそのようなことが起きてしまったら、銀行に預けていたお金はどうなるのでしょうか。

　ここでは民間銀行の倒産につながりかねない「信用不安」と呼ばれる預金者の心理とその影響に触れていきます。

　そもそも銀行が企業へ融資したり、企業同士が取引をしたりしているのも、その相手を「信用」していることが前提です。貸したお金を踏み倒したり、取引を契約通りに実施したりしない企業は相手にされません。私たちが銀行に預金を預けるのも、安全に管理して元手に加えて利息を受け取れる「信用」があるからです。「信用」はお金のやり取りをする上では欠かせないものなのです。

　さて、ここで質問です。

　みなさんが、友人のことを信用できなくなるのはどのようなときですか。

生徒 約束を守らなかったり、貸したものを返してもらえなかったりしたときに信用できなくなります。もしそんな関係になったらLINEをブロックしたり、程度がひどかったら交流を絶つかもしれません。

　そうですよね。これは銀行との取引でも同じです。

　銀行は預金者や投資家からお金を預かっています。もし銀行の経営が不安定になれば、預金者や投資家は「預けているお金が戻ってこないかもしれない」と銀行に不信を感じるでしょう。これを「信用不安」といいます。

　そして、なにかのきっかけで起きた「信用不安」が深刻化すると、実際に多くの預金者が銀行に預けている預金を取り戻そうとする「取り付け騒ぎ」が発生します（図2-10参照）。

図2-10　信用不安と取り付け騒ぎ

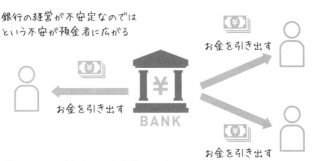

　金融機関の店舗に預金者が殺到して混乱をきたすといった現象が起きるのです。

　もしも、**大量の預金解約が一度に集中すれば、銀行はすべてに応じるだけの現金を用意できません。**信用はさらに失われて、他の銀行に対しても連鎖反応的に不信が広がるという悪循環が発生します。最悪のケースでは、金融市場全体の不安定化を招くといったことも起こり得るのです。

取り付け騒ぎで銀行が経営破たんする

取り付け騒ぎは最近の事例でもあります。

　2023年3月、アメリカ西海岸に本店を置いていたシリコンバレー銀行が取り付け騒ぎで経営破たんしました。

　同行はIT企業に積極的に投資していた銀行でした。しかし、2022年頃からIT産業全体が業績不振に覆われます。新型コロナウイルス感染症で好調だった流れに反動が起きたためです。

　経営が悪化した企業は次々にシリコンバレー銀行から預金を引き出しました。その額は、預金全体の24%に相当する420億ドル（約5兆6500億円）です。しかも、当時のアメリカは金利が上昇しており、銀行が保有していた金融資産の価値も減少。損失はますます大きなものになっていきました。

　最終的に、シリコンバレー銀行は9億5800万ドルの現金不足に陥りました。なんとか資金を調達しようとするも調整はつかず、同行は破産を宣言したというのが経緯です。

生徒 銀行が倒産するなんて怖いですね……。

　参考までに、シリコンバレー銀行の取り付け騒ぎは少し特殊でした。銀行の店舗に人が押し寄せるのではなく、モバイル端末で即座に預金を引き出す事態が起きたのです。そのため、一旦取り付け騒ぎが発生すると、瞬く間に情報が拡散されて預金の引き出しが加速しました。

　インターネットが発達した現在、わざわざ店舗に訪ねなくても取り付け騒ぎが起こる。シリコンバレー銀行の破綻は、取り付け騒ぎの新たな事例としても注目されたのです。

リーマン・ショックのきっかけも信用不安

　特定の金融機関が「信用不安」によって破綻した場合、その金融機関を利用している企業や個人の決済などのサービスが受けられなくなります。最悪のケースでは、マクロの経済活動にも重大な影響を与えます。

　2008年に発生した世界的な金融・経済危機「リーマン・ショック」は、アメリカの投資銀行大手リーマン・ブラザーズが負債総額6000億ドル超となる史上最大級の規模で倒産したことがきっかけでした。

　まさしく、信用不安によって企業の倒産が相次ぎ、世界の株式市場や債券市場も混乱、世界的な景気後退を招いたのです。日本のメガバンクを含めて、世界的に活動している金融機関が破綻すれば、その国だけでなく世界の景気に甚大な影響を与えることを

示した事例でした。

金融機関は１人1000万円は保証する

生徒 もし、預金を預けていた金融機関が破綻した場合、その預金は戻ってこなくなるのですか？

　日本には「預金保険制度」があります。

　預金保険制度では、万が一に金融機関が破綻したときに、預金者の預金などが一定額までは保護されます。

　例えば、**金融機関が破綻したとき、１人当たり1000万円の当該金融機関の預金までは全額保護してくれるしくみになっています。**

生徒 少し安心しました。でも、1000万円までしか保護されないのですね。自分が預ける金融機関の経営にも気を配る必要がありそうです。

　自分の財産を守るためにも、経済や金融の動向を理解しておくことは大事ですね。ちなみに、信用不安を起こさないために、国などでもそれなりの対策を取っています。

　そもそも金融機関の経営破綻が起こるのは、それまでの経営管理に問題があるからです。金融庁と日銀は「金融庁検査」「日銀考査」という形で、放漫な経営がされていないか定期的に民間の金融機関に立ち入り検査をしています。

特に三菱UFJ銀行や三井住友銀行、みずほ銀行はメガバンクで、他の金融機関と比較すると規模が大きいです。金融当局はこれらメガバンクを含めて、規模の大きい大手証券、外資系証券等にも定期的にモニタリングをしています。

　金融機関が経営破綻を起こすと、多くの企業や個人への影響が広まるリスクが高いことから、金融庁や日銀は経営の健全性への要求基準も高くしているのです。

　第2時限では金融緩和や金融引き締めといった金融政策を中心に、国債の金利の変化、銀行の倒産まで幅広く説明してきました。いずれにも共通しているのは国の経済を大きく左右する影響力を持っているということです。一歩間違えば、世界規模の経済問題が起きることだってあるでしょう。

　そのときに中央銀行や政府はなにをしようとしているのか。本章で述べた知識を持って考えれば、これからなにが起きるのかをある程度は見通すことができるはずです。

3rd period

第3時限

円安と円高は結局、
どちらがお得なのか?

円安と円高の
基本を押さえる

海外でモノを買うには円を外国の通貨に換える

「円安」と「円高」という言葉をニュースでよく見かけると思います。

ある期間は円安になったり、ある期間は円高になったりするなど海外の通貨との関係によって捉え方が変わってくるため、難しく感じるかもしれません。

ただ、円安と円高は食費や光熱費、服飾費など身の回りに影響する重要なテーマでもあります。私たちの日常にどのような関係があるのか、第3時限では円安と円高を取り上げ、学んでいきます。

生徒 よろしくお願いします。……でも、やっぱり円安と円高ってなんだか複雑な感じがします。正直、しくみもよくわかりません。

では、基本の「き」から話をしていきます。

　世界にはさまざまな通貨があります。日本では円が使われ、海外ではドルやユーロ、元、ウォン、その他多くの通貨が使われています。

　そのため、日本人が海外でモノを買うには円を外国の通貨に換えなくてはなりません。**ある通貨を異なる通貨に交換する。このときの交換比率を為替相場（為替レート）といいます。**

生徒　ニュースでもよく見る「1ドル＝120円」といった情報が為替相場ということですね。

　はい。問題は、為替相場は変動するということです。

　円とドルの交換比率を例に取れば、時期によって1ドル＝120円のときもあれば、1ドル＝130円のときもあったりします。

　例えば、海外旅行に行ったと想像してください。所持金は10万円で、このときの為替相場は1ドル＝140円だとします。これをすべて米ドルに換えると、10万円は714ドルに交換できます。一方で、過去（2009年頃）には1ドル＝100円という為替相場の時期がありました。約15年前に海外旅行に行って10万円を米ドルに変換していたら1000ドルに交換できた計算になります。

　このように、**日本円では同じ10万円だけど、海外でドルで使う場合には時期によってその価値が変わるのです**（図3-1参照）。

生徒　そうすると、為替相場は円と海外通貨の価値の変化を伝えているのですね。

図3-1　為替相場

海外旅行に行って所持金10万円を米ドルに変換したら……

過去：1ドル＝100円

1000ドルに交換できる

現在：1ドル＝140円

714ドルに交換できる

同じ10万円でも時期によって、米ドルに換えたときの
価値が変わるのは為替相場が日々変動してるため

そうです。しかも為替相場は刻一刻と変化しています。

皆さんもニュースで「本日のマーケットは1ドル、1円30銭安の終値148円70銭となりました」といった場面を見たことがあるでしょう。あれはまさしく、為替相場の変動についてのアナウンスです。

為替相場が変動すると、それ以前とは交換比率が変わります。円の価値がドルに対して低くなることもありますし、円の価値がドルに対して高くなることもあります。これを円安、円高といいます。

円高と円安

円高……円の価値がドルに対して高くなる現象
円安……円の価値がドルに対して低くなる現象

先の例で言えば、1ドル＝140円から1ドル＝100円の変化は

円高です。なぜなら10万円をドルに交換したときに１ドル＝100円のほうが、より多くのドルに交換できてお得です。これは円の価値がドルよりも高くなっているからです。

　一方で、もしも１ドル＝100円から１ドル＝140円に変化したら円安です。10万円をドルに交換したときに１ドル＝140円だと、ドルに交換できる量が減って損です。円の価値がドルよりも低くなって起きる現象です（図3 - 2参照）。

図3-2　円高と円安

１ドル＝100円

１ドル紙幣を換金で
手に入れるには100円必要

少量の円で換金できることから、
円の価値が高い＝円高

UP!!

１ドル＝140円

１ドルを紙幣を換金で
手に入れるには140円必要

多くの円を必要とすることから、
円の価値が低い＝円安

DOWN..

「為替相場に関する知識や円安＆円高なんて海外旅行や外国の株式投資をする人以外には必要ないのでは？」。そのように思っている人もいるかもしれません。

　冒頭で述べたように、為替相場の変動は私たちの生活に大きな影響を与えます。円安や円高がどのようなメリット・デメリットを生むのか、次項でお話ししていきましょう。

円安と円高の
メリットとデメリットは？

貿易ではどんなことが起きる？

円安・円高はさまざまなシーンに影響を与えます。
まずは最も影響を受けやすい貿易シーンから解説しましょう。

輸入するときの影響を考えてみます。
1ドル＝120円が1ドル＝130円に変動＝円安になったと仮定します。同じ輸入品を買うにしても、1ドル＝120円で買えていたのに、1ドル＝130円になったことで、円ベースでの支払いの負担は増えてしまいます。つまり、貿易で輸入品を買うときに円安は「損」です。

一方で、1ドル＝130円が1ドル＝120円に変動＝円高になったら逆の現象が起きます。円ベースでの支払いの負担は130円から120円に減ったことになり、円高は「得」です。

輸出ではどうでしょうか。

1ドル＝120円が1ドル＝130円に円安になったと変動したと仮定します。同じモノを売るにしても、**価値の高くなったドルで支払いを受けるため「得」です。**

一方で、1ドル＝130円が1ドル＝120円に変動＝円高になったら逆の現象が起きます。**価値の低くなったドルで支払いを受けるため、円高は「損」です。**

このように貿易ひとつをとっても、さまざまな影響があることがわかるでしょう。

円安のメリットとデメリットを知る

その他、円安・円高への影響は次のように分けられます。
円安のメリットを見てみましょう。

円安のメリット

① 輸出業者にプラスに働く
② インバウンド需要が期待できる
③ 海外生産拠点の国内回帰が期待できる
④ 外貨建ての資産は価値が高まる

①は上記で述べた通りです。

②は価値の高くなったドルを保有している外国人が、円の価値が安くなっている日本に訪れるとお得に買い物ができます。

③はドルの価値が高くなっているために海外生産はコスト負担が大きいです。国内で生産を行い、円建てで給料を労働者に支払

ってコストを抑えようとする企業が増えます。

　④は円に比べてドルの価値が高くなるために、外貨建て（ドル）の資産価値も高まるというわけです。

　生徒 ④の外貨建てとはどういう意味ですか？

　日本で言えば、円ではなくてドルなどの海外の通貨で売買することです。例えば海外株式などを外貨建てで買った場合に、その資産が高まるということです。

　次にデメリットを見ていきましょう。

　円安のデメリット

　① 国内物価が上昇する
　② 国内から外国への投資が減少する

　円安は円の価値が下がっている状況です。
　そのため、輸入品を購入するのには多くの円を必要とします。仕入れ価格の上昇分を販売価格に転嫁しようとする価格上昇圧力が働くため①が起きます。特に日本はエネルギー資源が乏しい国のため、燃料となる資源や工業原料、食材などを輸入に依存しています。ですから、円ベースで見ると輸入コストの増加となり、国内物価が上がる恐れが強くなります。
　②は価値の低くなった円を価値の高くなったドルに交換することが割高になるためです。海外投資をしようにも、従来よりも多

くの円を必要とするならば投資を避ける人は増えるはずです。

円高のメリットとデメリットを知る

　一方、円高は次のようにまとめられます。

　まずはメリットを見ていきましょう。

　円高のメリット

① 海外旅行に行きやすくなる

② 輸入品を安く買える

③ 国内企業の海外生産が活発になる

④ 国内から外国への投資資金が増える

　①は円の価値が上がるので、海外の製品・サービスをお得に購入できます。②は輸入産業や輸入品を購入する私たちにとってメリットが生まれます。③は海外での労働賃金が安くなるためです。④は価値の高くなった円を割安のドルに交換しやすくなるためです。なお、将来さらなる円高が予想されるなら、円が安い今のうちに日本に投資資金を入れることは得になります。

　続いてデメリットを見ていきましょう。

　円高のデメリット

① 輸出業者にマイナスに働く

② 外貨建ての資産は価値が目減りする

①の理由は、輸出業者は輸出先で価値の低くなったドルでの支払いを受けることになるためです。例えば1ドル＝200円が1ドル＝100円になったとすると、ドルベースで同じ輸出品を売ったとしても、円換算すると半分の価値しか受け取れないという事態が発生します。②は仮に1億ドルの資産を持っていたとしても、1ドル＝200円が1ドル＝100円になったとすると、円ベースで見ると、半分に資産価値が下がるためです。

このように円安・円高はそれぞれにメリット・デメリットがあります（図3-3参照）。どのような立場にあるかで、損か得かは大きく変わります。特に円安になると輸出業者にプラスに働くことは、これからの授業でも出てくるお話なのでしっかり押さえておいてください。

図3-3　　円安と円高が与える影響

	円安	円高
企業	輸出業者に有利になる	輸出業者は不利になる
消費者	インバウンド需要が期待される	海外旅行に行きやすくなる
資産	外貨建ての資産価値が増える	外貨建ての資産価値が目減りする
物価	国内物価が上昇する可能性があり	海外の輸入品を安く買える
投資	投資資金が外国から国内に流入する	投資資金が日本から外国に流出する

立場によって円安と円高による影響は大きく変わる

為替相場は
どのように決まるのか?

固定相場制では為替相場が変動しない

　円安と円高の基本的な知識を身につけたところで、今度は為替相場のしくみを理解していきます。

　為替相場は次の2種類に分けられます。

為替相場の種類

・固定相場制……交換比率が固定される
・変動相場制……交換比率が変動する

　126ページまで為替相場は交換比率が変動する前提でお話を進めきたことからもわかる通り、現在は変動相場制が主流です。

　変動相場制は、取引が相場に素早く反映されるため、刻々と1ドル当たりの円の価値＝相場が変動します。これは、それぞれの国の通貨の信用や経済の実態が為替相場に反映されることを意味します。その反面、122ページで述べたように、貿易をはじめとした海外との取引をするたびに、為替の損益が発生します。加え

て、短期的な為替の差額を利用した投機マネーが流入することもあります。なお投機マネーとは、ヘッジファンド（機関投資家や富裕層のための投資信託）などが為替変動を利用して、為替取引そのものから利益を得ようとする資金のことです。

　例えば、1997年7月にタイの自国通貨暴落をきっかけに始まった通貨危機は、先進国から流入していた投機マネーが一斉に流出したことが大きな原因でした。そのため東アジア諸国で不動産などの資産価格が下落し、金融機関も破綻しました。韓国はIMF（国際通貨基金）などの支援・監督を受けることになり、タイとインドネシアでは政権が倒れました。投機マネーによる為替相場の急激な変動が東アジアの金融・経済危機をもたらしたのです。

円の人気が高くなれば円高、低くなれば円安に

生徒　変動相場制のときの為替相場はどのように決まるのですか？

　気になりますよね。変動相場制の為替レートは、為替市場の需要と供給の関係によって決まります。第１時限で勉強したように、モノやサービスの価格が決まる原理と同じです。

　円の人気が高ければ、円が買われやすくなるため、円の価格（価値）が上がって円高となる。逆に、円の人気が低ければ、円が売られやすくなるため、円の価格（価値）が下がり、円安となります。

円の需要と供給

> 円の人気が高い＝需要が供給を上回っている→円高
> 円の人気が低い＝供給が需要を上回っている→円安

　例えば、ある時点で１ドル＝120円だった為替相場が、別の時点で１ドル＝130円となったとしましょう。この変化は、円安、円高のどちらでしょうか。

生徒 １ドルと交換するのに多くの円を支払う必要があるから、円安です！

　正解です。おっしゃったように、１ドルを買うために、これまで120円を必要としたのに130円を支払う必要が出てきました。為替市場では、円への需要よりも円の供給が上回ったということです。だから、円の価値が下がって為替相場が円安へと変化したと説明できます。
　逆に、１ドル＝120円が１ドル＝110円になった場合はどうでしょうか。１ドルを買うために120円支払っていた状態から、110円の支払いで済みます。１ドルを買うための円の負担が減ったということです。言い換えれば、円への需要が円の供給を上回って、円の価値が上がったために、為替相場が円高に変化したと説明できます。このように円の人気が高くなれば円高、低くなれば円安になります。

為替相場は短期的に
金利差に影響を受ける

金利差が生まれるとどうなるのか?

　変動相場制の相場は、市場の需要と供給の関係によって決まるとお話ししました。では、どのような要因が為替相場の需給を決めているのか考えてみましょう。

　為替の需給を決定する要因は、時間軸で異なります。

　短期的には二国間の金利差の影響で決まります。

生徒 金利差とはなんでしょうか。

　金利差とはその名の通り、各国が設定している金利の差のことです。例えば、ドルの金利が円と比較して高いとき、どちらの通貨で運用するほうが得だと思いますか。

生徒 金利の高いほうがお金をもらえるから、ドルでしょうか?

　正解です。ドルで運用したほうが得です。

　具体的に数字を設定しながら説明しましょう。

　円の金利が１％で、ドルが３％だったとします。100万円を運用した場合、１年後積み上がる利息は次の通りです。

＿＿ 利息のシミュレーション ＿＿

円の利息→１万円 (100万円×0.01)
ドルの利息→３万円 (100万円×0.03)

　上記のように、ドルのほうが３倍お得です。

生徒 　そうすると、ドルのほうが人気が出そうですね。

　いい視点で考えられていますね。上記の金利状況では円を売って、ドルを買いたい需要が活発になります。その結果、ドルに比べて円の価値が下がる圧力が生まれます。

　市場で円が売られる＝円の価値が下がる状況は、為替相場を円安方向へと動かします。国際的な資金移動が円やドルの需要に大きく影響するため、短期的には二国間の金利差が為替の需給を決定するというわけです。

　ですから、金融政策の政策金利操作で円の金利がドルに比べて下降すれば、円の人気が低くなって円安方向へ。逆に金利が上昇すれば、円高方向へと動きます。95ページで説明したように、2024年時点での日本は低い金利を設定し、アメリカが高い金利を設定しています。そのため、現在は円安へ圧力が強くなっている時期なのです。

為替相場は長期的に
経常収支に影響を受ける

外貨を稼げると円高になる

　長期的な為替相場の需給は、その国の経済力が反映されます。経済力が高ければ、その国の通貨の人気＝需要が高まって価値が高くなるためです。

生徒 つまり、長期的な円安・円高は日本の経済力が反映されるということですね。国の経済力を調べる方法はあるのでしょうか？

　経済力を測る代表的な指標が「経常収支」です。
　経常収支とは、一定期間での海外とのモノやサービスの取引など、経済的な取引で生じた収支を示す経済指標です。簡単にいえば、外国の通貨（＝外貨）をどれだけ稼いだかを、純額（外貨流入額から外貨流出額を引いた額）で示す指標です。
　経常収支が黒字であれば外貨を稼ぐ力が強く、日本の経済力は高いと評価されます。

　例えば、輸出額が輸入額よりも多ければ、外貨を多く稼いだことになって日本の経常収支は黒字です。日本のサービスやモノへの人気が高まっている状況のため、為替市場では国内企業が輸出で稼いだドルを円に交換する需要が増加します。それによって円の価値は上がって、為替相場は円高方向に動きます。

　逆に、**経常収支が赤字だと外貨（＝ドル）を稼ぐ力が弱く、日本の経済力は低いと評価されます**。日本のサービスやモノへの人気は低いために、為替市場ではドル買い、円売りの動きが加速。円の価値が下がり、為替相場は円安方向に動きます。

　生徒 なぜ中長期的には金利差よりも経常収支が為替レートに影響するのでしょうか？

　ポイントは資金の流れです。金利差による資金の流れはある程度の時間が経てば次第に落ち着くという特徴があります。ヘッジファンドなどによる金利差を利用した資本移動は短期の資金運用だからです。

　例えば、ヘッジファンドなどは現在に金利の高いドルを買えば、近い将来にそのドルを売って円に買い戻します。逆に現在にドルを売れば、近い将来にそのドルを買い戻すでしょう。

　そのため、投機筋の短期的な取引は長い期間で見ると、為替相場の動向を大きく左右するほどの影響はないといえます。実際に日米の金利差と為替相場の関係をみても、中長期的にはそれほどはっきりした相関はみられないとされています。金利は景気循環に伴って上下するため、金利差が一方的に拡大するとも考えにく

いでしょう。しかし、経常収支の黒字・赤字による資金の流れは長い目で見ると大きな規模です。だから、短期的には金利差、中長期的には経常収支が為替相場に大きな影響を与えるのです。

図3-4　為替相場の決まり方

短期的には金利差

日本は金利1%
米国は金利3%

米国の通貨で運用したほうがお得だから、日本と比べて米国の通貨により買われる。「円安、ドル高」の状態となる

長期的には国の経済力

外貨を稼ぐ力が強い

日本の経済力は高いため、円が買われて「円高」へ

UP!!

外貨を稼ぐ力が弱い

日本の経済力は低いため、円が売られて「円安」へ

DOWN.

経常収支で判断できる!

経常収支の黒字で変動相場制に移行へ

長期的な為替の需給が大きな影響をもたらした具体的な例が、過去の日本とアメリカのケースにあります。

1945年に終結した第二次世界大戦の後、日本はアメリカのGHQ（連合国軍総司令部）によって統治されていました。非軍事化や民主化が同時に進むなかでGHQは1949年、物価安定・緊縮財政政策「ドッジ・ライン」によって、円相場を1ドル＝360円

に固定することを実施しました。

生徒 127ページで説明された固定相場制という状態ですね。

　はい。固定相場制では通貨と通貨の交換比率が固定されるため、経済が発展していなかった日本にとって安定した貿易をしやすいメリットがありました。

　その狙い通り、**日本は固定相場制のもとで好不調の波を繰り返しながらも、基本的には黒字基調の経常収支を記録していきます**。経常収支が黒字を記録したことで、為替市場では円買い、ドル売りの流れが強くなっていきました。

「放っておけば１ドル＝360円よりも円高の状態になってしまう……」。為替当局はこうした状況に対応するために、円を供給することで固定レートを維持していました（図３-５参照）。

　しかし、日本の国際的な経済力が増していくと、円買い、ドル売りの圧力はさらに加速していきました。やがて１ドル＝360円という当初の通貨への評価が日本経済の実態とは合わなくなっていきます。

　一方、アメリカは1955〜1975年までの約20年間、ベトナム戦争に力を入れていました。ベトナム戦争とは、北ベトナムとアメリカが支援する南ベトナムが、独立と統一を巡り争った戦いです。アメリカが歴史上初めて敗戦した戦争として知られている通り、**同国はベトナム戦争を通して国力を大きく失いました。この影響から経常収支が赤字化し、ドルの価値も低下してしまいます**。

　その結果、通貨当局が介入しても１ドル＝360円を維持するの

が難しくなり、1971年に1ドル＝308円に切り下げられました。しかし、それでもドル売り、円買いの圧力は収まらず、1973年には再度ドルの切り下げを実行したことで、固定相場制の崩壊を招き、現在に続く変動相場制に移行していったのです。

　日本とアメリカの経常収支が長期的に円とドルの需給に大きな影響を与え、日本の為替相場をも変えた原因になったことがおわかりいただけるでしょう。

図3-5　為替介入のイメージ

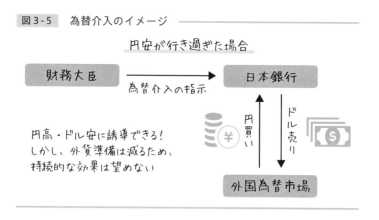

生徒　日本の経済力が高くなったから、1ドル＝360円を維持することが難しくなって変動相場制に移行したのですね。

　はい。参考までに、変動相場制に移行した原因はそれだけではありません。

　当時、ドルの為替市場が基本的に下がる一方で、円高に調整されることがかなりの確率で予想できました。事実、投資家は「ド

ルが割高」という方向性を見越してドルの価値が下がるだろうと
判断しました。そのため、ドルを売る投機資金が為替市場に多く
入っていました。

　もしドルの評価が上がったり、下がったりする状況だったら、
為替相場の動向を見極めるのが難しく、それほど多くの投機資金
は市場に入ってきません。しかし、「ドルが割高」である為替市場
の方向性がずっと変わらなかったのです。

　ドル売りの圧力が強くなって為替レートが円高方向に変更され
ると、ドルを売って投資家が得をする構図が生まれました。

　ドル売りはリスクの少ないうまみのある投資行為となって、ま
すますドル売りの圧力が加速。為替当局が固定相場制を維持する
ことが難しくなったのです。従来のように、固定相場制の枠内で
微調整するしくみでは機能しなくなったため、固定相場制から変
動相場制に移行したということです。

日本は変動相場制になってどうなった？

生徒 固定相場制で日本経済の実態に合わなかったとき、日本は
どのような影響を受けたのでしょうか。

　先述した通り、戦後の日本経済の回復＆成長とともに円の価値
の実態は高くなりましたが、固定相場制のために1ドル＝300円
台前半や1ドル＝200円台といった円高方向に大きくは調整され
ませんでした。その結果、円の価値は過小評価されて、実質的に
「円安・ドル高」の状態になりました。

123ページでお話ししたように、円安でメリットを受けるのは輸出企業です。

　輸出は代金をドルで受け取ります。価値の高いドルで支払いを受けることで、日本の輸出企業は恩恵を受けるようになりました。特に自動車や電子機器、鉄鋼、繊維、化学などの産業が発展していきました。これが高度経済成長期（1955～1973年）を支えた要因のひとつとなったのです。

　その後、日本が変動相場制へ移行すると、経済の実態に応じてドル安（円高）が急速に進んだために、輸出での利益は得られなくなりました。これに対し、日本の輸出企業は海外へ生産拠点を移すようになります。すなわち、ドル安・円高の影響を受けないようにするために、人件費などを抑えるべく、効率的な生産体制を築くようになったのです。

　例えば、自動車メーカーは日本の工場での生産を少なくして、アメリカに現地法人を設けて工場をつくり、稼働させ始めました。

　変動相場制への移行は、日本企業がグローバル企業となって発展するための大きな転換点にもなったのです。

円安・円高で見ると日本経済がよくわかる

2012年以降は円高から円安へ

　変動相場制になってから、特に直近25年間では日本の為替相場はどのような変化があったのか。現在の為替相場や日本経済の状態を知るために、その変遷を見ていきましょう。

　次ページの図3-6を見てください。円対ドルの為替相場のグラフを示しています。

　グラフからは次のことが読み取れます。

・1990年代後半からの変動を経て、円高方向に動いて2011年10月のピーク時には１ドル＝75円を記録した
・2012年以降からは円安方向へと動き、2022年には１ドル＝150円の為替レートを記録した

　細部を見ていくと、大きなポイントが３つあります。
　ひとつ目のポイントは2008年9月に起きたリーマン・ショック以後の円高です。

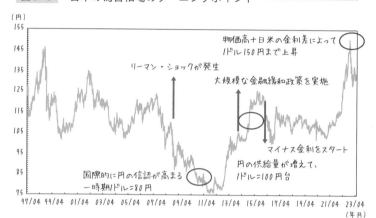

図3-6　日本の為替相場のターニングポイント

物価高＋日米の金利差によって
1ドル150円まで上昇

リーマン・ショックが発生

大規模な金融緩和政策を実施

マイナス金利をスタート

国際的に円の信認が高まる
一時期1ドル＝80円

円の供給量が増えて、
1ドル＝100円台

出所：日本銀行「時系列統計データ検索サイト」より作成

　リーマン・ショックとは、2008年に起きたアメリカ投資銀行リーマン・ブラザーズの経営破綻をきっかけにした、世界的な金融危機のことです。第2時限でも出てきましたね。

　欧米の金融機関は、リーマン・ブラザーズが発行する金融商品で大きな損失を被りましたが、日本はその影響が限定的でした。むしろ為替市場のなかで、日本の円は安全資産と評価されたほどでした。当時、日本の経常収支が黒字基調であったことや、海外に多くのお金を貸していた＝世界最大の債権国であったことなどから、円の需要が高まっていたためです。

　国際的に円の信認が高まったことを受けて、2009年頃には円相場は1ドル＝100円を割り込みます。

　以降も円高傾向が続き、2011年に発生したのがギリシャ発の欧

州債務危機です。ここでも、日本の金融機関は欧米ほどの影響を受けなかったことから、**円の需要が高まっていきます。**その結果、１ドル＝80円を割り込むようになりました。

大規模な金融緩和政策で円安へ

生徒 2012年以降は円安方向へと市場が動いていますが、そのきっかけはなんだったのでしょうか？

　2013年4月に日銀が実施した異次元の金融緩和政策です。これが２つ目のポイントです。お金の供給量を２年間で２倍に拡大すると約束し、２％の物価上昇率目標も同時に掲げました（95ページ参照）。

　日銀は当時、日本が陥っていたデフレ経済からの脱却を目指しました。円安を意図的に実現し、輸出産業を活性化させ、企業の業績回復を後押しするという狙いもありました。

　そのために民間銀行の保有する国債などの金融商品を購入する、いわゆる買いオペを日銀は実行しました。買いオペを通じて民間銀行の資金供給量を大幅に増やし、世のなかに流通するお金の量を増やすことで、モノやサービスの需要を刺激させたのです。

　その結果、**円の供給が需要よりも増えて、消費者や企業がお金を借りやすい環境が生まれました。**日本の金利は低下して、ドルと比べて円の価値が下がって円安が進行。こうして2013年５月に１ドル＝100円台に戻す展開になったのです。

マイナス金利で日米の金利差拡大へ

　2016年1月になると、金融政策は「量」だけではなく、「金利」にも新たな手段が用いられました。マイナス金利と言って金融機関が日銀に預ける当座預金の一部に、マイナス0.1％の金利を適用し、預金金利もほぼ0％に低下させたのです。これが3つ目のポイントです。

　マイナス金利では、金融機関が日銀にお金を預けてもお金を払わなくてはいけない＝損をしてしまう状態です。ですから、金融機関は個人や企業に貸付することが期待されました。ただ、これをきっかけにアメリカとの金利差が拡大していきます。

　以降、物価上昇率2％の目標を達成していない日本は金融緩和政策を継続していきました。2022年は新型コロナウイルス感染症からの需要回復やウクライナ危機でエネルギー価格が上昇し、1年間で1ドル＝110円台から、1ドル＝140円台まで大幅な円安が進行。日米の金利差は拡大していったことで、2022年10月には1ドル150円の円安水準に達しました。

　このとき欧米はインフレの影響を抑えるために利上げを実行する一方、日本はゼロ％水準の低金利を維持し続けました。日米の金利差が拡大したことで、金利の高いドルが買われ、円が売られるという構図が生まれていきました。こうして、2024年現在まで「円売り・ドル買い」の動きが加速したのです。

　なお、2024年3月にマイナス金利は解除されましたが、金融緩和は維持されています。

\ ココも**ポイント** /

> 日銀がマイナス金利を適用すると、金融機関は日
> 銀に預けている資金の一部に逆に金利を支払わな
> ければならなくなります。そのため、金融機関は
> 企業への貸し出しや投資に資金を回そうとする流
> れが生まれます。なお、預金金利がマイナス金利
> になることはありません。

貿易赤字の解消が円安傾向の歯止めに

　ここまではニュースを見ていれば理解している人も多いことで
しょう。しかし実は、円安の原因は異次元の金融緩和だけではあ
りません。

　貿易収支の動向も円安に影響を与えていることをぜひ知ってお
いてください。**貿易収支とは、外国とのモノの取り引き＝貿易で
の収支の差を示す経済指標です。**

生徒 132ページで出た経常収支とはなにが違うのでしょうか。

　少し紛らわしいかもしれませんが、先述した経常収支は企業の
投資の収益や旅行などのサービス収支も含まれています。つま
り、貿易収支よりも範囲が広いものです。

貿易収支と経常収支

> **貿易収支**……貿易での収支
>
> **経常収支**……貿易＋投資や旅行などの収支も含む

　貿易収支は、貿易黒字が続けば、為替市場で円の価値が上昇し、通常は円高方向へと働きます。一方、貿易赤字が続けば、外国為替市場で円の価値が下がり、通常は円安へと働きます。

　図3-7は日本の貿易収支を表したグラフです。

図3-7　日本の貿易収支の推移

出所：財務省「財務省貿易統計」より作成

　折れ線グラフが輸入時と輸出時の収支を示し、その差額が棒グラフです。右軸のゼロより下になると赤字、ゼロより上になると黒字です。2013年から約3年は貿易赤字が続き、その後は貿易黒字に移行しているのが見て取れます。

　しかし、2021年から再び貿易赤字が拡大しています。

　このときはエネルギー関連、特に原油関連の輸入額が大きくなったことで、貿易収支が赤字になりました。

　輸入でドル建ての支払いが必要となると、ドル買いの需要が高まります。その結果、為替相場が円安方向へと動く。つまり、貿易収支の赤字が円安の要因になっているというわけです。

　日米の金利差が解消すれば、円安が是正されるのではないかと思われるかもしれません。しかし、今後も輸入による貿易赤字が続けば、**日米の金利差が縮小方向に向かったとしても、円安圧力が続く可能性があります**。

　2024年現在はエネルギー価格の上昇が落ち着いたこともあって貿易収支の赤字幅は縮小傾向になっていますが、円高・円安を見極めるひとつの指標として貿易収支は重要です。

結局、円安と円高は
どちらがよいのか?

為替相場は個人の生活や
資産価格に影響する

生徒 僕は日本で生活していますし、外国から輸入されたものを
買う機会が少ないので、円安や円高の影響はさほど気にならない
のですが、間違っているでしょうか?

　日本で生活していて、輸入品を買わなくても、少なからず為替
相場の影響を受けています。

　例えば円安のケースを考えてみます。円安では、円の価値が低
いわけですから、外国から仕入れる原材料コストが上昇し、コス
ト・プッシュ・インフレが進行しやすい状況になります。

　インフレに伴って賃金が上がれば実質的な負担は少なくて済み
ますが、賃金が上がらなければ生活への負担が増します。

　仮にインフレを抑制するために、日銀が金融引き締め政策を実
行したとしましょう。金融引き締めを実行するために、金利の引
き上げを実施したら、第1時限目で勉強したように株や土地など
の資産価値が下がります。こうした資産を保有している人にとっ

ては、円安への対処によって金利が引き上げられることの影響に
も注意が必要です。

　このように、為替相場の変化はインフレや金利の変動を引き起
こし、個人の生活や資産価格にも影響します。ぜひ日々のニュー
スを見ながら、その情報が自分の生活にどのように関係するのか、
日ごろから関心を持ちましょう。

生徒　結局、円安と円高、どちらが得なのか損なのかわからなく
なってきました……。

　自分の生活に当てはめてみてください。まずは自分が働く環境
で考えると理解しやすいでしょう。**国内で働いて円で給料を得て
いる人ならば、円高に振れるほうが得です。**

　なぜだかわかりますか？

生徒　価値の高くなった円で給料をもらうことができるからです。

　その通りです。海外に行ったときにそのお得感を実感できるで
しょう。**逆に海外で生活して、ドルで給料を貰っている人は円安
のほうが得です。** ドルのほうが円と比べて価値が高くなっている
ためです。

　もっと言えば、自分が働いている会社が輸出で稼いでいるなら、
円安のほうが会社の業績もよいので、高い給料が期待できます。
逆に、輸入で稼いでいる会社なら、円高のほうが会社の業績もよ
く、給料も高くなるでしょう。また、株主の立場では、円安なら

輸出企業の株を持っていると値上がりが期待でき、円高だと輸入企業の株のほうが魅力的でしょう。

日本の製品に付加価値をつければ円高も怖くない

なお、私自身は、短期的な為替相場で損得を考えるのではなく、中長期的な目線で日本が国際競争力をどう上げていくかが大事だと考えています。

日本の製品やサービスにどれだけ付加価値があるのか。

言い換えれば、品質やデザイン、機能、使いやすさなど、海外の製品やサービスと比較してどれだけ顧客のニーズにマッチしているのかが重要だと考えています。うまく付加価値を高めることができれば、日本経済は活性化して円への信認が高くなる。そうすれば、円高へと動いていくでしょう。

日本製品やサービスにより付加価値があると評価されれば、**仮に為替相場が円高になったとしても、輸出もそれほどマイナスの影響を受けないでしょう。**海外からの旅行者によるインバウンド需要も簡単には落ちないと考えられます。

もちろん、円安は短期的には輸出を刺激し、景気にプラスに働きます。しかし、円安に期待しすぎると、日本の競争力は高まらず、日本経済が低迷したままになります。

実際、一部の途上国では経済状況が厳しく自国通貨への信任が失われて、自国通貨の価値が暴落して、ドルへの需要が高まっています。そうした悪い通貨安を招かないために、自国経済の実力を高める努力が日本全体を考えたときには重要です。

4th period

第4時限

将来を占う
日本はどうすれば
経済成長する?

YouTuberから
考える経済成長とは？

経済成長に必要なのは3つのキーワード

第4時限目のテーマは日本の「経済成長」です。

話の規模が大きいために、みなさんが自分事として考えるには少し難しいかもしれません。まずは皆さんがご自身でビジネスを手掛けていると仮定して、そのビジネスをどうすれば成長させられるのか考えてみましょう。

あなたは時事ネタを解説するYouTuberだとします。登録者数や再生回数を伸ばして、YouTuberの活動で収益を得ていきたいとしましょう。

さて、このビジネス、どうやって成長させますか？

生徒 まずは、ターゲットとする視聴者がどんな時事ネタを知りたがっているかを把握することが必要だと思います。

はい、大事なことですね。どのビジネスでも、顧客ニーズを把

握できないと稼ぐことはできません。では、顧客ニーズを押さえた上で、そのビジネスを成長させるために必要な要素を挙げてください。

生徒 ビデオカメラなどの撮影機材や照明器具、ＰＣなどのデバイス、編集用ソフト、データを蓄積しておくためのＳＤカードといった機材が必要です。

　今挙げてくれたのは、要するに「設備」ですね。
　例えば、ビデオカメラなどは画質のよい機材がいいですし、PCなどは容量があって処理速度が速いデバイスだといいでしょう。他にも、簡単に画像を取り込んだり、見た目のよいサムネイルが作れたりする編集用ソフトも役立ちます。
　つまり、単にモノが揃えばよいというものではありません。最新のテクノロジーなどをうまく活用して、質のよい動画をたくさんアップできるかという設備の質が大事ということです。
　他にありますか？

生徒 編集や企画を手伝ってくれる人が欲しいです。

「人材」を確保できれば、作業を分担して１人ではこなせない量を捌けるようになります。また、最新のテクノロジーなどの「技術進歩」を活用できるスキルを持った人材を確保できるかもポイントでしょう。
　さて、ここまで「設備」「人材」「技術進歩」の３つのキーワード

が出てきました。

YouTuber に必要な３つのキーワード

・設備
・人材
・技術進歩

　実は、この３つのキーワードはYouTuberにだけ必要なわけではありません。ひとつの国が全体で経済成長していく上でも同様に不可欠な要素なのです。

　次項で３つのキーワードについて踏み込んで解説していきます。

日本が経済成長するために最も大切なキーワードは？

「設備」は供給能力を高める

そもそも経済成長とはなにを意味するのでしょうか。

生徒 ……生活が豊かになることでしょうか？

　はい、生活が豊かになるということはモノがたくさんあふれて、それを皆が消費している状態です。この状態を経済学の言葉で、「GDPの増加」と置き換えられます。
　GDPとは、一定期間の間に生産されたモノ（財やサービス）の付加価値の合計です。

生徒 付加価値の合計とはどういうことでしょうか？

　モノを生産するためには元となる原材料や人件費が必要となりますよね。生産されたモノから原材料などを差し引いた状態が付加価値です。簡単に言えば、GDP＝利益と人件費の合計のことだ

と覚えてもらえればよいでしょう。

　GDPの増加は、**需要の増加に見合って供給能力が高まれば、中長期的に実現します**。生産されたモノの付加価値の合計も高まるからです。

　生徒　需要と一緒に供給も高まって、モノがちゃんと生産される。それが経済成長というわけですね。

　その通りです。ちなみに需要だけが増えてしまってはいけません。供給が増えなければ、インフレが起きるだけになってしまうからです。

　そして前項で国が経済成長するために大事だと紹介した「設備」「人材」「技術進歩」はまさに供給を増やすための要素なのです。

　まず**設備（＝物的資本）は、企業の生産活動のなかで利益を生む土台を担います**。企業が設備投資して、工場の建設を進めると設備の増加（＝物的資本ストック）に伴って生産力が高まり、GDPアップに必要な供給能力も同時に高まります。

「人材」は数と質で供給能力が高まる

　2つ目に必要な要素が「人材」です。

　人が持っている能力やスキルを「資本」とみなし、それを含めて「人的資本」ともいいます。

　働く人が増えれば、多くのものが生産できるため、供給能力は当然上がります。特に15歳以上〜65歳未満のいわゆる生産年齢

人口がどれだけ増えるのかが一国の経済成長では重要です。

　ただ、現在の日本のように先進国では出生数が減少傾向にあり、高齢化が進んでいる国も多いです。生産年齢人口が減少すれば、供給能力を高められる環境とはいえません。

生徒　そうしたら、今働いている若者がもっと頑張らなくてはいけないということでしょうか。

　それも間違いではありません。ただ若者に限らず、あらゆる労働者が能力を上げて、生産性を高める努力が求められます。

　そのために必要なことは教育投資です。

　労働者の人数や働く時間が増えなくても、**教育投資によって能力やスキルが蓄積されて、１人当たりの生産性が高まる。これが実現すれば、経済成長にプラスです。**

　教育投資のひとつには、最近よく聞く「リスキリング」が含まれます。リスキリングとは、学び直しという意味です。

　一旦就職して社会人として経験を積んだ人がビジネススクールなどの教育機関で学び直したり、社内外の研修を受講したりすることで、社会のニーズに適した新たなスキルを獲得していく取り組みです。

　IT業界を例に考えてみるとわかりやすいでしょう。

　現在では、ChatGPTなど生成AIが登場してイノベーションの可能性が飛躍的に高まっています。ただそれを縦横に使いこなせる人は多くはありません。新しいビジネスを生み出すには、テクノロジーの変化などをキャッチアップして、ChatGPTの能力を最大

限活用する必要があるでしょう。

　経済学らしく言えば、新しいスキルを身につけることで人的資本の質が向上し、それがひとりひとりの労働者の生産性の向上につながる。引いては一国の経済成長に結びついていくというわけです。

「技術進歩」には研究開発も必要

　経済成長にとって必要な要素の3つ目は「技術進歩」です。いわゆるイノベーションと呼ばれるものです。

　設備や働く人数が増えなくても、新しい技術の登場によって業務が効率的になれば、生産性は高まるでしょう。 しかも、新しい技術は一度生み出されれば、数や量などの制約に縛られません。劇的に供給能力を高める可能性を秘めています。

　技術進歩を実現していくために、大事なのは研究開発です。

　企業は稼いだ利益を貯めておくだけでは将来の成長は期待できません。利益を配分&消費するより、研究開発のために費やすことが、技術進歩につながります。研究開発に力を入れることは将来への投資なのです。

　YouTubeの例でも、新しい分野や企画に挑戦するために、自分ならではのコンテンツを研究する人がいます。結果はすぐに出ませんし、機材開発などへの研究投資にはお金がかかります。しかし、新たな取り組みが実れば、設備の品質や配信者のスキルが飛躍的に向上し、動画制作の効率が一気に高まるでしょう。

　実際に、経済成長率が高いアメリカでは、各企業が研究開発にも注力することで成果が表れていることがわかっています。

日本には「技術進歩」が最も大切

　経済学では基本的に、生産に必要なのは「設備」と「人材」だと考えます。投入する設備と人材が増加するほど、生産も一緒に増加するのが原理だからです。

　ただし、設備と人材を増やすには限界があります。設備は資材やスペース、人材は働く人数に限りがあるからです。

　一方で技術進歩にそういった制約はありません。ですから、新しい技術が登場すれば、設備と人材がそれ以前と同じ投入量でも、より多くの生産を実現できます（図４-１参照）。

図４-１　技術進歩の重要性

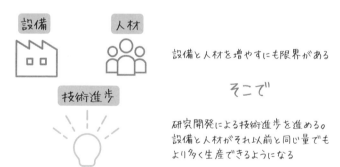

「経済成長するためにはどうすればいいのか」。

　現在、先進国は設備と人材を今後劇的に増やすことは難しい状況です。すでに設備には一定の投資がされており、人口も増加するというよりは減少傾向になっている国が少なくありません。**技術進歩はこういった課題を抱えた国々を中心に、重要なエンジンとして注目を浴び、各国は経済成長のために日々研究を積み重ね**ています。

＼ ココも ポイント ／

生産＆供給能力の高い工場があったとしてもインフラが整っていなければ、生産したモノを消費者へスムーズに供給することはできません。そのため、国は企業の設備を活用して供給能力を高めるために、インフラ整備をすることがあります。道路や鉄道、空港、港湾などのインフラ整備（＝公的資本ストック）には、企業の供給能力を高める効果もあるのです。

技術進歩を測る「TFP」で
日本経済の弱点を分析する

サービス産業の生産性が低いのはなぜ？

生徒 技術進歩を進めることが大事なのはわかりました。現在、日本の技術進歩はどのような状況なのでしょうか。

　生産性を高める重要なエンジンである技術進歩は、「全要素生産性（TFP）」という数値で測るのが一般的です。

全要素生産性（TFP）

技術進歩の程度を測る数値のこと

　TFPが計測できれば、業界ごとに技術進歩がどれくらい進んでいるかを比較できます。異なる国や業界のTFPを比較して、効率性や競争力の違いを把握したり、なにが成長の要因になっていたりするのかを分析したりもできます。

　TFPを使って日本経済の現状、特に他と比べて生産性の高い分

野と低い分野をその原因とともに見ていきます。

　図4-2は経済産業省の研究所が推計したもので、製造業とサービス業のTFPの上昇率を示したデータです。

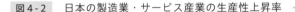

図4-2　日本の製造業・サービス産業の生産性上昇率

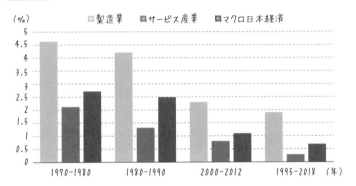

(%)　　　　□製造業　■サービス産業　■マクロ日本経済

サービス業の生産性が日本経済全体、特に製造業に比べて低い

出所：森川正之「生産性をめぐる論点−「生産性・所得・付加価値に関する研究会」
　　　討議用資料−」より作成

　2業種の比較ではありますが、日本経済は業種によってTFPの上昇率が大きく異なっていることがわかります。

生徒　グラフを見ると、特にサービス業の数値が日本経済全体より低いです。

　はい。なぜ、サービス業の生産性が低いのか。**ポイントは市場での競争の活発化です**（図4-3参照）。

　製造業は輸出・輸入をするため、海外の顧客や企業との競争にさらされます。市場の熾烈な競争にさらされれば、効率性や生産性の向上などが否が応でも求められます。生産性の低い企業は市場から退出し、生産性の高い企業が新たに市場に参入するのが常です。

　しかし、サービス業は輸出・輸入をしません。海外の顧客や企業との競争にそれほどさらされないのです。市場の競争が活発でない業種では、生産性が低くても市場に居続けることができます。こうした環境がサービス業界のTFPの低さにつながっていると考えられます。

図4-3　なぜサービス業の生産性は低い？

輸出・輸入を行うため、
海外の顧客や企業と競争をしなければならない

輸出・輸入がないため、海外の顧客や企業との
競争にそれほどさらされない

日本市場でTFPが低い業種はどこか？

　続いて、図4-4を見てください。製造業とサービス業のなかからさらに業態を分けたTFPです。

　業態によって、TFPの数値はバラついているのがわかります。

　なかでもITに関係のある半導体や電子・電気機器といった分野は10％を超える高い値を確認できますが、飼料・有機質肥料など農業関係のTFPは特に低いです。私はこの農業の生産性の低さが日本経済のひとつの弱点だととらえています。

図4-4　業種別のTFP上昇率

サービス産業

単位：％

業種	値	業種	値
通信業	2.7	映像・音声・文字情報制作業	-6.6
金融業	1.5	航空運輸業	-4.3
情報サービス業	1.3	その他運輸業・梱包	-3.2
卸売業	0.8	自動車整備業・修理業	-2.8
鉄道業	0.5	保険業	-1.8

製造業

単位：％

業種	値	業種	値
半導体素子・集積回路	11.9	飼料・有機物質肥料	-12
民生用電子・電気機器	10.2	水産食料品	-4.2
電子計算機・同付属装置	7	精穀・製粉	-3.7
映像・音響機器	6.8	無機化学基礎製品	-2.9
その他電子部品・デバイス	6.2	たばこ	-2.9

出所：森川正之「生産性をめぐる論点−「生産性・所得・付加価値に関する研究会」討議用資料−」より作成

生徒 なぜ農業の数値はこんなに低いのでしょうか。

原因は複数あります。

日本の農業の TFP が低い理由

・日本の立地条件
・農地への規制

ひとつ目は立地条件です。

2021年の世界銀行のデータによれば、日本の耕地面積はアメリカの約87分の1程度です。日本の農家は1人当たりの耕地面積が狭いため、**資本や労働を投入しても、設備等の投資に対して生産性が向上しにくい特徴がある**のです。

一方、アメリカやオーストラリアなどの農業は1人当たりの耕地面積が広大です。日本と効率性が同じ設備や労働を投入したとしても、多くの生産量を獲得できます。

2つ目は農地への規制です。

日本には食料自給率を下げないことを目的にした「農地法」があり、農地を売買したり、転用したりすることに制限を課しています。これが民間企業が農地を取得して農業に参入する障壁となり、農家の既得権になっています。

生徒 既得権ということは農家にとって有利になるよう法律に守られているということですね。

はい。既得権を認めることで競争が妨げられるため、TFPが向上しない原因になっていると考えられるのです。

　これはまさしく、サービス業のTFPが低い理由と同じです。国に保護されていたり、国際的な競争にさらされたりしない産業は、外部からのプレッシャーが低いため、生産性を高めようとするインセンティブが働きません。

　日本の農業は手厚い農業保護政策で生産性が低くても農家経営がなんとか成り立つしくみができています。生産性が上がらなければ、淘汰されて撤退を余儀なくされるべきであるのに、保護された業界ではその力が働きません。

　もちろん、そうした労働者、高齢化している農家や中小企業を政策的に保護することにもそれなりの理屈はあります。細々とでも就業を維持することで、地域経済を支えるメリットもありますし、食料の安全保障という面でもプラスだからです。

　ただ、現状維持のままではデジタル化や効率化が遅れるため、生産性の観点ではプラスになりません。日本経済が成長する可能性を狭めているといえます。

　生徒 規制が改善されれば、農業の生産性も上がるのでしょうか。

　かつて規制があった日本の流通業がヒントになるかもしれません。その規制を改めたことで生産性が改善されたという事実があるからです。

　2000年までの流通業界は「大店法（大規模小売店舗における小売業の事業活動の調整に関する法律）」が適用されていました。

大店法とは、大規模な商業施設の店舗面積を制限することを目的
とした法律です。

　当時、規模の小さな小売店は、さまざまな業態を集約した大規
模店舗が郊外に立地されることに反対していました。大店法はそ
ういった小売店を保護する役割を果たし、モールのような商業施
設の進出を食い止めていた経緯があります。

　生産性という観点で、大店法も農地法と同様にあまり好ましい
法律ではありません。繰り返し述べているように、既存の枠組み
での競争しか認めずに、外部からの競争を抑制するからです。

　2000年に大店法は新たな法律（大規模小売店舗立地法）の移行
に伴って廃止されました。現在はイオンモールのようにさまざま
な業態を集約した大規模店舗が建つようになっています。市場に
競争が発生したことで、**生産性の低い零細の小売店の退出が進み、
小売業界の生産性**はそれなりに改善されていったのです。

　既存の零細小売業者にとっては厳しく聞こえるかもしれません
が、消費者から見れば、より便利にモノやサービスを消費する機
会が増えたことになります。

　農業も同様に規制を改善すれば、生産性を高められるかもしれ
ません。生産性を高めるためには市場に競争が生まれるしくみを
つくる。このことが大切だと覚えておきましょう。

「失われた30年」と「失われた20年」

「失われた期間」はどのくらいなのか?

162ページでは個別の業種について触れましたが、ここからは日本全体が経済成長するためにはどうすればいいのか考えていきます。少し回りくどいかもしれませんが、日本経済全体の現状を過去の流れから把握していきましょう。

さて、バブル崩壊以降、経済全体が停滞していた日本を説明するときに「失われた20年」、もしくは「失われた30年」と表現することがあります。

2つの失われた期間

失われた20年……「1991～2011年」
失われた30年……「1991～2011年」+「2012～2022年」

失われた20年は、バブル崩壊後の「1991～2011年」までの約20年を指します。これに対し、失われた30年は「2012～2022年」の11年間も含めた約30年を指します。

生徒 失われた期間が2つあります。どちらが正解なのですか。

　2つの期間の違いは「2012〜2022年」の約10年間を含めるかどうかです。この期間になにがあったのか。バブル崩壊から20年間で失われたものが、「2012〜2022年」に取り戻されているのであれば、失われた20年です。そうでなければ、失われた30年が正しいことになります。

日本人が豊かになった実感が湧かない原因は？

　では、2012〜2022年の約10年間で皆さんの生活は経済成長で豊かになった実感はあるでしょうか。

　株価は上昇しましたし、物価は基本的に落ち着いていました。しかし、**高めの経済成長は実現しませんでした。**賃金も上昇しなかったために、豊かになったと実感している人は少ないはずです。

生徒 たしかに僕の給料の上がり幅も少ない気がします。

　豊かになった実感が湧かなかったのはなぜなのか。

　答えは、円安の影響です。

　失われた20年の時期の1990年代〜2000年代では、日本人が東南アジアなどへの旅行に行くと割安で現地のモノを買うことができました。

生徒 円の価値が高かったから、海外に行ってもお得に買い物が

できていた時代ですね。

　その通りです。しかし、2012年から円安が進みました。円安が進むことは、円の価値が下がることを意味します。海外のモノやサービスが日本と比べて高くなり、海外旅行に行っても値段が高くなったと感じている人は多いはずです。

　この結果、かつて日本人が海外に行って得られていたメリットを、日本に来る海外の人が経験しています。円の価値が下がったから、海外の人が日本に来るとお得に買い物できるようになっているのです。相対的に日本は貧しくなったといえます。

円安の原因はアベノミクスだった

　では、なぜ円安が起きたのでしょうか。

　2012年に打ち出された経済対策「アベノミクス」でどのような対策が実施されたか、知っていますか？

　生徒 アベノミクスという名前は覚えているのですが、具体的な内容までは知りません。

　アベノミクスとは、2012年12月から当時の安倍首相が実施した経済政策のことです。

アベノミクスの三本の矢

① 大胆な金融政策
② 機動的な財政政策
③ 民間投資を喚起する成長戦略

　上記のように経済政策として「三本の矢」を発表しました。ここでは3つすべてを解説せずに主に①の大胆な金融政策についてお話したいと思います。

異次元の金融緩和がもたらしたもの

　アベノミクスの①では異次元の金融緩和と呼ばれる政策が打ち出されました（図4 - 5参照）。いくつかの目的があります。

　ひとつはデフレ対策です。

　デフレとは物価が下がり続けることでしたね。消費の抑制につながり、経済の停滞や不況が生じます。

　アベノミクスの金融緩和ではお金を市場に供給して、デフレを解消することで物価高と賃金アップを狙いました。具体的には、金融機関が低金利で民間への貸出を促進して、融資先のビジネスを後押しすることで景気を改善しようとしました。

　さらにお金の量を増やすことで、当時の円高を改善しようともしたのです。

生徒　え！　円高は円の価値が高まるのに、なにが悪かったのですか。

図4-5　アベノミクスとその結果

①大胆な金融政策　②機動的な財政政策　③民間投資を喚起する成長戦略　→　三本の矢

背景　デフレ＝物価が下がり続けていた

金利を低くして企業がお金を借りやすくしていた
→経済の活性化へ

消費者がモノを買うようになり、
2％の物価上昇を目指した

円安で、大企業の一時的な業績は改善。
しかし、生産性は高まっていない

　日本の基幹産業である製造業や鉄鋼業、特に電機メーカー、自動車メーカーは1990年代のバブル崩壊で企業の業績が悪化。2010年代に入ると円高に苦しんでいました。

　第3時限の授業で説明しましたが、円高は輸出産業にデメリットをもたらします。なぜかというと輸出先で円と比べて価値の低いドルで支払いを受けるためです。

　日本の基幹産業である輸出産業がふるわない状況に陥っている。それを異次元の金融緩和では打破しようとしたのでした。

　輸出産業は下記のようなメリットを受けることが期待されました。

異次元の金融緩和のシナリオ

① 金融緩和で金利をほぼ「0%」という低い水準に設定する

② 金利の低い円が売られて、金利の高いドルなどが買われる

③ 円の価値が下がって円安になると、輸出企業は円と比べて価値の高いドルで支払いを受ける

生徒　なるほど。異次元の金融緩和を実施したのは、円高のデメリットを受けていた輸出産業を守るためでもあったのですね。

　そうです。ただし、異次元の金融緩和の結果はイマイチでした。

　円安の恩恵はあって、トヨタなどの製造業は売上は好調です。しかし、**後述するように日本の企業の生産性＝実力が上がったわけではありません。**円安というカンフル剤の効果で、一時的な業績の改善にとどまっています。輸出企業の生産性は競合する外国企業の生産性に追いつかず、日本企業のシェア獲得とは直結しなかったのです。

　特に2016年に大手電機メーカーのシャープが、経営悪化によって、台湾の鴻海精密工業グループに買収されたことは衝撃的な出来事でした。日本のメーカーの多くは従来のような世界シェアを保ち続けられませんでした。

　事実、国民1人当たりがどれだけの金額を生み出したかを表す1人当たりGDPを以前と比較すると、2012年の日本は世界の14位でした。2023年時点では34位まで転落しています。

　それを企業も理解しているから日本国内での投資意欲は高まっ

ていません。**内部留保という形で利益分は企業内部にストックする**形を取っています。財務省の発表では、2022年度の国内企業の「内部留保」（金融と保険を除く）は554兆7777億円で、前年度比＋7.4％増です。

　しかも、内部留保を行っている企業の数は11年連続で増えており、過去最高です。業績が改善されても労働者には還元されず、賃金が上がらない状況が生まれたのです。

　なお、アベノミクスの第三の矢である成長戦略（規制改革）も、農業、流通、医療分野など、これまで保護されてきた既存の業界や関連する政治家の抵抗が強くて、なかなか成果が上がりませんでした。

　日本経済は「現在も厳しい」というのが素直な表現でしょう。国際的に見ると失われた20年よりも、「2012年〜2022年」のほうが日本の経済的な地位は低下しています。

＼ ココも ポイント ／

2022〜2023年時点では円安が大幅に進んでコスト・プッシュ・インフレが起きました。新型コロナ禍によるパンデミックやウクライナ危機の影響もあって、賃金の上昇以上にインフレが進行しました。実質的に賃金が下落し、私たち消費者に負担が生じていることは間違いありません。

円安の原因は金融政策だけではない!?

生徒 ということは、「失われた20年」ではなく、「失われた30年」が正しいのですね。

はい、そうです。

しかも、円安が起きているのは金融政策だけの問題だと思われがちですが、それだけではありません。143ページで述べた貿易収支の問題と関連しますが、もっと根本的な部分、すなわち長期的な日本経済の低迷が円安に関係しています。

1970年代後半から80年代前半にかけて、「ジャパン・アズ・ナンバーワン」と言われたことを67ページで述べました。

当時、日本のGDPは世界第2位。世界経済を牽引するアメリカ内でも日本製品は売れていて、アメリカは日本式の働き方（終身雇用など日本型の労働慣行）や、日本式の製造方法（トヨタのかんばん方式と呼ばれる簡単で効率的な生産管理方式）を学ばなければいけない。**世界の規範は日本の産業だという羨望の眼差しで見られた時期でした**。2010年頃までは、国際的に見ると日本はまだ経済大国でした（図4-6参照）。

ところが、現在の日本経済は大きく低迷しています。

国際的な通貨制度を安定させる取り組みを行う国際機関IMF（国際通貨基金）がありますが、**同機関によれば、23年のGDP（ドル建て）は日本はドイツに抜かれて第3位から第4位に転落すると予測されています**。2000年に日本のGDPはドイツの2.5倍あっ

たことを考えれば、いかに日本が凋落しているかがおわかりになるはずです。

　経済力が下がれば、その国の通貨の人気は下がり、通貨の価値も下がります。**円安の流れが進んだのは「失われた30年間」に顕著になった日本経済の成長の低さも原因のひとつなのです。**

図4-6　日本の経済停滞

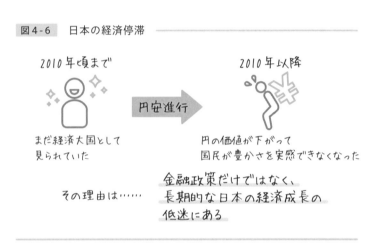

2010年頃まで　　　　　　　2010年以降

円安進行

まだ経済大国として
見られていた

円の価値が下がって
国民が豊かさを実感できなくなった

その理由は……

金融政策だけではなく、
長期的な日本の経済成長の
低迷にある

最低レベルの経済成長率を
日本が抜け出すために
必要なこと

先進国のなかで最も経済成長率が低い日本

　バブル崩壊以後の日本経済を確認してきましたが、ここからもう少しさかのぼって、過去の日本がどのような経済成長をたどってきたのかを確認しておきましょう。未来に向けた経済成長のヒントが明らかとなるからです。

　図4-7は日本の経済成長率を示したグラフです。

図4-7　実質経済成長率の推移

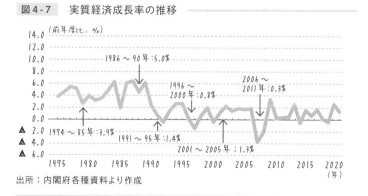

出所：内閣府各種資料より作成

経済成長率には実質経済成長率と名目経済成長率という２種類があります。

　名目経済成長率は物価上昇率を含めた数値で、実質経済成長率は名目経済成長率から物価上昇率を差し引いた数値です。その時々で物価上昇率は異なるため、実質経済成長率はその影響を差し引いて、実態をとらえた数値と理解してください。

生徒　物価上昇率が高い年は、その分ゲタを履いている状態なので、そのゲタを脱いだと理解しました！

　はい、それでいいと思います。

　グラフ内にはそれぞれの期間の平均数値も示しています。グラフには載せていませんが、1965〜73年までは約９％の経済成長率を記録した高度成長期でした。1973年の秋にオイルショックが起こった後、経済成長率はダウンし、**80年代は3.9％から５％弱ぐらいの経済成長率に回復しました。**

　ところが、90年代のバブルの後は０〜1％台に大きくダウンしました。簡単に言えば、高度成長期は10％くらい成長して、その後は安定成長期になって70年代後半から90年代は5％くらいにダウン。**失われた30年の時代は、ほぼ経済成長していない状況と言えます。**

　時間とともに経済成長率が下がる現象は、日本独特の動きかというとそうではありません。他の先進国でも、似たような推移をたどります。途上国のように、他の先進国から新しい設備や技術進歩を取り入れることは難しくなるためです。ただし、**日本の成**

長率はそのなかでも先進諸国のなかで最低レベルです。

女性と高齢者の社会進出がひとつのカギ

　なぜ日本の経済成長率はこれほどまでに低下してしまったのでしょうか。ここは本書のなかでも最も大事な部分ですので、しっかり理解していきましょう。

　経済成長率が大きく低下している要因のひとつは、生産年齢人口の減少です。生産年齢人口は、154ページで述べたように15歳以上65歳未満の労働に従事できる人口のことです。モノやサービスを生産できる人の数が多ければ多いほど供給能力は高まって、GDPの上昇と経済成長に寄与します。

　しかし、日本はその生産年齢人口が長らく減少傾向にあるのです。図4-8を見てください。

　生産年齢人口の推移を示したデータです。

　1950年から上昇を辿っていますが、これは1947〜1949年に発生したベビーブームで生まれた子どもらが生産年齢人口へと入ったためです。

　一方で、1995年をピークに生産年齢人口の数値は下がっています。1980年代に出生数が減少傾向となり、65歳を超えて引退する人が増えたためです。

図4-8　生産年齢人口の推移と予測

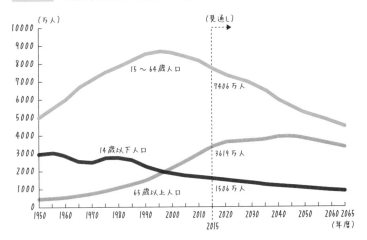

出所：総務省「国勢調査」、「人口推計」、国立社会保障・人口問題研究所「日本の将来推計人口（平成29年1月推計）：出生中位・死亡中位推計」（各年10月1日現在人口）より作成

　2020年時点で生産年齢人口は7406万人で、その後も減少していき、2065年には約4500万人になる見通しです。一方で、65歳以上の人口を見ると右肩上がりで増えて、90年代後半を境に14歳以下の人口を上回っていることがわかります。2065年には、65歳以上の人口は全体の4割にまで占めることが予測されています。

　生徒　……ということは、今後も日本の経済成長は厳しいということでしょうか？

　生産年齢人口を増やすためのアプローチは2つあります。

　ひとつは女性の就業率増加です。 非正規のパート労働だけでなく、正規労働として優れたスキルを持つ女性がそれに適した職場を見つけられるか。これは日本の経済成長を浮揚させるための大きなポイントと言えます。国が女性活躍推進を掲げているのは、有能な女性がもっと働けるようになり、経済成長につなげたいからという面があります。

　もうひとつは、高齢者の就業率増加です。

　平均寿命が延びているなかで、65歳を超えても働ける人々はたくさんいますし、働きたいと希望する高齢者は増えています。生産年齢人口自体は65歳を上限としているものの、実質、労働市場に十分に働ける高齢者がとどまってくれれば、GDPや経済成長に貢献してくれるはずです。

　生徒 女性の社会進出は進んでいるように思いますし、高齢者の労働人口が増えるだけで経済成長率はそんなに変わるものでしょうか。

　鋭い質問ですね。女性と高齢者の労働参加は、少子高齢化を迎えている日本で労働供給のマイナス要因を打ち消す効果として実際に期待されています。

　ただ、残念ながら女性の労働参加率はほぼ上限に達していて、それほどの伸び代はありません。また、高齢者の雇用促進も数の面では期待できますが、労働の質の面では厳しいことも確かです。有能でスキルの高い女性や高齢者への期待は高いのですが、

それだけでは日本経済の活性化は難しいでしょう。

海外の若者をグローバル化で取り込む

　では、生産年齢人口が長らく減少している日本が経済成長するために、打つ手がないかといえばそうではありません。視野を国内要因だけでなく、海外にも広げるのです。**若年層の人口が減少するならば、優秀なスキルを持った海外の若い人材を活用する。**これがひとつの大きなポイントです。

　というのも、アメリカがこの十数年で高い経済成長を実現した背景には、優秀な移民が活躍していることが大きいです。もともとアメリカは移民が集まってできた国ですが、現在も移民が活躍を求めて世界中からアメリカに集まってきます。特にインドやヨーロッパからITスキルを持つ人たちがアメリカに移住して起業しています。

　海外にはスキルのある若年層が多数存在しています。

「新しさ」というのは異なる複数の考え方、異なる複数の文化の摩擦によって生まれることが往々にしてあります。**海外からの若くて有能な人材が日本に流入すれば、日本の若年層と切磋琢磨して新しいイノベーションを生み出す。**そんな未来も起こり得るのではないでしょうか。

　もちろん、海外に労働力を求めるのは簡単なことではありません。

　日本は言語も文化も基本的に同一の島国です。そのためか、海外からの移民を異質な人々と捉えがちで、拒否反応も他国と比べて強いように感じます。文化的な背景が違ったり、日本語が通じ

なかったりすれば、コミュニケーションは難しいでしょう。

しかも、移民問題は治安悪化とセットの問題になっていて、欧米でも社会問題となっています。アメリカのように移民を大勢受け入れている国であっても、南米からの不法移民が大挙して流れ込んでくることを快く受け入れているかというとそうではないのです。

また、**スキルの低い移民が単純労働者として入ってくると、国内の労働者とバッティングする恐れ**もあります。移民を雇うコストのほうが低い場合、国内の労働者から見ると仕事を奪われるという心配が生まれて、実際に失業問題が起きるリスクがあるというわけです。

まとめると、**経済成長にプラスなのは高度なスキルを持った人材**です。このような人材をいかに取り込み、いかにしてイノベーションにつなげていくか。世界的にはITスキルを持った**優秀な技術者の需要が高く、獲得競争が激しくなっています。**

かつての日本は海外から出稼ぎ先として選ばれる国でしたが、現在はそうでもありません。海外からの優秀な労働者にとって魅力的な労働環境を整える努力が求められます。

日本が経済成長するヒントは 90年代のアメリカにあり

アメリカが経済成長できた背景

　経済成長を遂げて先進国になると、次第に経済成長率が下がってくるという事実があります。先進国になると、国外から最先端の設備や技術を取り入れることが難しくなるためです。

　一方の途上国は、先進国から新しい設備や技術進歩を取り入れることで経済成長を実現することができます。このようにして先進国の仲間入りを目指していきます。

　ところが、です。**興味深いことに先進国であるアメリカは1990年代後半に高い経済成長を実現させました。**

　同国は1980年代にオイルショック、1990年代前半の湾岸戦争に参戦した影響で、1991年に経済がマイナス成長を記録しました。それにもかかわらず、後述する「あること」をきっかけに、1990年代後半に４％台の経済成長率を達成したのです。これは極めて稀なことです。

　アメリカがどのようにして高い経済成長を果たしたのか。その構造を紐解くことで、現在行き詰まりを見せる先進国・日本が再

度高い経済成長を実現するヒントを見出すことができます。

生徒 アメリカが経済成長をしたきっかけとはなんだったのでしょうか。

　それは、「インターネット革命」によるIT業界の成長です。インターネット革命とは、インターネットが私たちの身の回りの生活やビジネスのスタイルに与えた劇的な変化を指します。例えば、電子メールによって新たなコミュニケーション手段が生まれたり、オンラインショッピングが普及したり、ソーシャルメディアなどが誕生したりしました。インターネットの普及を通じて、数々の技術進歩が起こり、GDPの上昇につながったのです。
　このインターネット革命が起きた構造を紐解くことこそ、日本の経済成長のヒントにつながります。
　消費者側、サービス提供者側に分けて、インターネット革命が起きた理由を細かく見ていきましょう。

消費者側の要因とは？

消費者側の要因は次の2点です。

インターネット革命が起きた消費者側の要因

① PCの高い普及率
② インターネットのネットワーク外部性

日本を含めて世界でインターネットが広がったきっかけは、1995年にマイクロソフト社が発表した「Windows95」の発売でした。PCの利用は電話回線を利用した1対1のやりとりが主流だった当時、インターネット接続機能を搭載した「Windows95」の登場は世界中の人々と同時につながることを可能としました。

　しかも95年時点でアメリカの家庭では、すでにPCの普及率が高い環境にありました（②）。そこに、「Windows95」の発売が重なったため、家庭内でのインターネットの利用が一気に浸透。企業でも、ウェブ上で商品やサービスを提供し始めたため、消費者レベルでインターネットを通じた取引の需要が急速に高まったのです。

　次に②のネットワーク外部性とは、製品やサービスの利用者が増えれば増えるほど、その利便性が高まるというものです。

生徒 ②は初めて聞いた言葉です。身近な事例はありますか？

　最近流行のマッチングアプリで説明しましょう（図4-9参照）。
　マッチングアプリはプラットフォームを通じて、男女の出会いの場を提供するアプリで、そのアプリを利用する人の数が増えるとアプリの価値は上がります。なぜかというと、利用者が多ければ多いほど、自分とマッチする可能性のある相手が増えるからです。

図4-9　マッチングアプリとネットワーク外部性

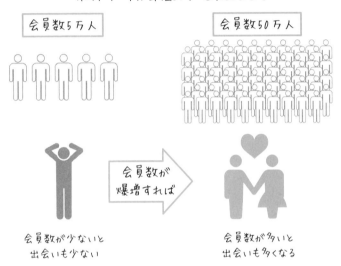

恋活・婚活マッチングアプリは
ネットワーク外部性のサービスのひとつ

会員数5万人

会員数50万人

会員数が
爆増すれば

会員数が少ないと
出会いも少ない

会員数が多いと
出会いも多くなる

利用者が増えれば増えるほど、その利便性が高まる。

　また、Facebook、Instagram、Twitter（現X）などのプラット
フォームもわかりやすいでしょう。これらのSNSは、利用してい
る人が少なければ、得られる情報やそのアプリでやり取りできる
人数が限られるため、利便性も限定されます。反対に利用者が増
えれば増えるほどアプリ内にたくさんの情報があふれて、多くの
人との交流が可能となり、利便性も大きくなります。

　インターネットも利用者が増えれば増えるほど、やり取りでき

る人数が増えて情報も飛躍的に集まります。ネットワーク外部性という特性から飛躍的に利用者が急増していき、新しいビジネスが生まれる素地ができ上がっていきました。

サービス提供者側の要因とは？

続いて、サービス提供者側の要因は次の通りです。

インターネット革命が起きたサービス提供者側の要因

① オープン・イノベーション
② ベンチャー企業で活躍する人材
③ ベンチャー企業への金融支援

①オープン・イノベーションとは、自社が持つ技術を市場に開放する代わりに、他社が開放している技術やアイデアを取り入れて研究開発を進めることです。2000年代に入り、インターネットを活用した新しい製品やサービスを生み出す手法として注目されました。

逆に、自社内の技術やアイデアだけで研究開発する従来の手法をクローズド・イノベーションといいます。

インターネットの普及などの環境変化を受けて、自社内の経営資源だけでは、新しい価値を生み出すことが難しい時代に突入しました。そのため、アメリカの各IT企業は他社の技術やアイデアを活用し、かつ開発費も抑えやすいオープン・イノベーションで、新しい製品やサービスを生み出す動きが加速していったのです。

　もちろん、自社独自の技術を市場にすべて開放するわけではありません。クローズドにする技術やアイデアとオープンにする技術とアイデアの２つに分けて、戦略的に成長を狙うのです。

　わかりやすく言えば、企業のなかだけにこだわると「井のなかの蛙」になるため、積極的に外の世界から新しい考え方や技術を持ってくる姿勢が浸透していったのです。

　②も、アメリカが90年代に経済成長する重要な役割を果たしました。ベンチャー企業とは革新的なアイデアや技術をもとに、新しい製品やサービスを展開する設立年数の若い企業です。

　前項でも述べたように、**アメリカには世界中から優秀で異なるバックボーンを持った若年層が多く流入しました**。ハングリー精神の強い彼らはハイリスク・ハイリターンのベンチャー企業に好んで挑戦していきました。

　設立したての若いベンチャー企業は大企業と違って、世の中にない製品・サービスを生み出すためのしがらみが少ないです。**失敗するリスクや資金ショートに陥るリスクも高いですが、成功すれば最先端の製品・サービスを世の中に提供できます**。市場を席巻するリーディングカンパニーとなるチャンスが開けるので、成功したときのリターンが大きいという特徴があります。

　一方で、既存の大企業は新しい製品やサービスを生み出すためのリスクを避ける傾向にあります。なぜなら、自社にある既存の製品やサービスと競合する可能性があるためです。

　例えば、トヨタ自動車の場合は既存のガソリン車を製造するために、自社だけでなく傘下の系列企業も含めて、効率的な生産体制がすでにできあがっています。トヨタブランドの新しい電気自

動車を投入しようとしても、競合する既存のガソリン車のシェア
を落とすだけでなく、傘下のグループ企業も含めた人員整理が必
要となる懸念もあります。実際に今日、電気自動車をリードして
いるのは、20世紀には存在しなかったテスラや比亜迪（BYD）な
ど全く新しいベンチャー企業です。

　ただ、ハイリスク・ハイリターンのビジネスに挑戦できる人材
が増加しただけでは、成功するベンチャー企業へとは育ちませ
ん。③のベンチャー企業へ必要な資金を提供できる環境が存在す
るかがポイントです。

図4-10　　直接金融と間接金融の違い

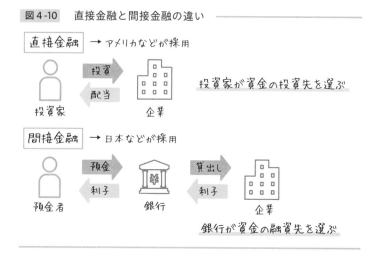

　これを理解するために、日本の間接金融とアメリカの直接金融
の違いを知る必要があります。
　図4-10のように2つの金融システムの違いは、金融機関を通

じて間接的に取引するか資金の貸し手と借り手が直接的に取引するかです。

　間接金融では預金者が銀行にお金を預けて、銀行が企業に貸し付けします。**間接金融が主流の日本ではベンチャー企業のようなハイリスク・ハイリターンの企業に対する貸付が難しくなります。**

> 生徒 日本ではベンチャー企業に対する融資が難しいのですね。なぜですか？

　銀行の倒産を防ぐためです。もし銀行が倒産してしまうと、預金者の預金が全額保護されないリスクが高まります。融資先の企業からしても、事業を継続していくための貸付が受けられなくなり、資金不足に陥るリスクが高まります。

　ですから、銀行側は「将来もしかしたら大当たりするかもしれない」企業ではなく、「過去の実績から融資した額を返済できる可能性が高い」企業を中心に土地などの担保を取った上で融資先を決めます。

　さらに、金融庁や日銀は大きな規模の銀行については、経営状態を定期的に検査しています。ベンチャー企業は担保となる土地や資産が乏しいため、銀行からの借り入れが簡単ではありません。

　一方、**直接金融を主流とするアメリカでは、企業が株式や債券を発行して投資家から資金を集めます。**ハイリスク・ハイリターンのベンチャー企業に投資するかどうかの判断は、その投資家次第です。金の出し手＝投資家が自己責任を負うため、もし投資家がベンチャー企業に賭けたいと判断すれば、担保なしでベンチャ

一企業側に資金が流れます。直接金融のしくみは、ベンチャー企業側からすれば資金調達しやすい環境というわけです。

アメリカのインターネット革命が経済成長の土台になった背景を説明してきましたが、ここでまとめましょう。

消費者側は、世界でインターネットが登場したタイミングで、アメリカではすでに家庭内でのPCが普及していました。ネットワーク外部性によって、ネットワーク上のプラットフォームを使う人が増加して利便性が高まり、さらにその利便性が高まったサービスを利用したいニーズが高まりました。

一方、サービス提供者側では、オープン・イノベーションの高まりによって、新しいサービスや製品を生み出すイノベーションのスピードが加速。アメリカにはベンチャー企業に挑戦する優秀な人材が集まるなか、投資家がそのベンチャー企業を支援する環境も整っていました。

こういった環境で、アメリカ発のGAFA (Google、Apple、Facebook (現メタ)、Amazon) に代表されるような革新的な製品・サービスが生み出されていったのです。消費者側とサービス供給者側の相乗効果によって、アメリカのIT業界が躍進して、アメリカの高い経済成長が実現したということです。

アメリカの経済成長から日本が学ぶべきこと

生徒 ありがとうございました。私たち日本人は、アメリカの事例から、なにを学べばよいのでしょうか。

　最も重要なのは、ベンチャー企業にお金が流れやすいしくみを整備していくことでしょう。

　ベンチャー企業はハイリスク・ハイリターンという特徴がありますので、当然失敗も多いです。

　例えば、日本の企業ソフトバンクは通信事業のほかにも、ビジョンファンドといって将来有望なベンチャー企業に投資する投資事業も展開しています。ソフトバンクのような投資会社であったとしても投資に失敗して損失を出している案件もあるので、完全に成功する企業だけを目利きするのはとても難しいです。

　ですから、**貸し倒れも含めてリスクを許容する直接金融のメリットを活かすことが大切です。**将来性が期待できるベンチャー企業に資金提供できる環境を整えられるかがカギです。

　一方、消費者側の要因では、現在の日本でもネット環境は普及しているので、ネットワーク外部性を活かしたビジネスを発展させられる環境になっています。

　ただ、日本の消費者はきめの細かいサービスを重視し、安心・安全の基準も高いです。これらは消費者から見ればもっともな要求ですが、新しいビジネスを展開したい企業から見ると、厳しすぎるハードルかもしれません。消費者が些細な不都合を許容できると、企業も新規のビジネスを開拓する意欲が高まるでしょう。失敗しても再度挑戦できる風土があるのかどうか。イノベーションをエンジンとする経済成長には、そのことも大切です。

＼ココも**ポイント**／

ベンチャーへの資金提供はお金が返ってこなくな
るリスクがありますので、民間の取り組みだけで
は心もとないでしょう。国からの公的な資金も含
めたサポートが求められるところです。

グローバル化は停滞!?
新たな貿易の
"枠組み"を知る

日本のアニメ輸出は
グローバル化現象のひとつ

身近な例で考えてみるグローバル化

　第5時限では貿易について講義していきます。

　貿易とは国境を越えてモノとモノを取引する（輸出・輸入をする）ことです。例えば、お隣韓国から美容グッズを輸入することも貿易ですし、日本からアメリカに自動車を輸出することも貿易です。

　近年、貿易とセットで使われるキーワードに「グローバル化」があります。グローバル化というと、日本人が海外に行ってビジネスをするようになったり、逆に海外の人が日本に来て働くようになったり、または、いろいろな国に海外旅行がしやすくなったりしている状況のことだと理解している人も少なくないでしょう。

　それらは間違いではありませんが、あくまでグローバル化の一部です。グローバル化の正式な定義は、「人・モノ・サービス・お金が国境を越えて結びつき、世界の経済的な統一化が進むこと」を表します。

生徒　そう聞くと、グローバル化って自分とは関係ない国や企業の話のような気がしてしまいます。

　そんなことはありません。皆さんもグローバル化の影響を受けていますよ。身近な例はインターネットです（図5-1参照）。

図5-1　グローバル化による変化

個人

・SNSで海外の動画を見る
・Amazonで海外からの製品を購入する
・Zoomなどを使ったwebミーティング

企業

アニメを輸出

美容グッズを輸入

日本　　　　　　　　　　　　韓国

グローバル化によって
私たちの身の回りの生活は大きく変わった

　インターネットを使えば、皆さんも遠く離れた他国の人とやりとりすることができますよね。例えば、Amazonを通じて海外からの製品を購入したり、Zoomといったwebミーティングアプリを使って世界中の人々とオンラインでつながったりしたことがある人も多いはずです。
　このように"グローバルな世界"には物理的なモノだけではなく

て、サービスや情報のやりとりも含まれます。

　個人間の枠だけではありません。企業間でもサービスや情報の
やり取りをしている場合は多くあります。例えば、日本はアニメ
産業が発展しているので、アニメを他国にコンテンツ情報として
輸出して世界で高い人気を博しています。これも立派な貿易のグ
ローバル化です。

\ ココも ポイント /

近年は企業と企業の間では製品の元となる原材料
の調達から生産、加工、流通、そして販売までの
一連の流れ（＝サプライチェーン）を国際的に分
業する流れが進んでいます。これもグローバル化
を象徴する構造のひとつです。

ＷＴＯがグローバル化を推進してきた

　かつてグローバル化が進むことによって世界はよりひとつに、
より豊かになると考えられていました。私たちが世界のどこにい
ても海外の安い食べ物やサービスを購入できたり、日本の得意な
モノやサービスを外国に販売して稼いだりできるようになるから
です。

　実際、世界はグローバル化を推し進めてきましたし、今日でも
経済学はグローバル化を進めたほうがいいと主張する立場にあり
ます。

　しかし、ここにきて、そのグローバル化に歯止めがかかり、「反グローバル化」という動きも目立ち始めています。

　なぜなのでしょうか。その理由をお話するために、グローバル化が進んだ歴史的経緯から見ていきましょう（図5-2参照）。

図5-2　グローバル化の国際的な歴史

1945年
IMF（国際通貨基金）を設立
目的：国際的な通貨制度の安定

1947年
GATT（関税および貿易に関する一般協定）が誕生
目的：高すぎる関税や輸入数量制限などの壁をなるべく取り除く

1995年
国際機関WTO（世界貿易機関）を設立
目的：世界全体がひとつの貿易経済圏となるよう推進

WTOではGATTと違って、加盟国は協定を守らなければならない。
一方で、加盟国の意見がまとめられない弊害も存在する

　話は第二次世界大戦後まで遡ります。

　第二次世界大戦が終わった1945年、国際的な通貨制度の安定を目的にIMF（国際通貨基金）という組織が設立されました。

　貿易をスムーズに展開するには、外国の通貨（＝ドル）を手に入れたり、そのドルを自国通貨（＝円）に交換できたりすることが大前提です。交換レート（＝2国間の為替レート）が安定していることも望ましいため、IMFは固定レートでの為替市場を作り、

国際的なお金の移動を自由にしたのです。これによって、**自国の通貨（＝円）を外国の通貨（＝ドル）に決まった比率（＝固定為替レート）で交換することが自由にできるようになりました。**なお、当時は1ドル＝360円の時代でした。

1947年にはアメリカが中心となって、GATT（関税および貿易に関する一般協定）という国際貿易協定が生まれます。

通常、貿易では国境を越えてモノやサービスを取引するとき、関税と呼ばれる手数料（＝税金）を支払わなければいけません。**GATTは高すぎる関税や輸入数量制限などの壁をなるべく取り除き、国際的なモノやサービスのスムーズな取引を実現することを目指しました。**

やがてGATTの加盟国が増えたことから、1995年に正式な国際機関としてWTO（世界貿易機関）を設立。世界全体がひとつの経済圏となって、どの国ともスムーズに取引できるように関税を引き下げてグローバル化の推進を図ってきたのです。

生徒 GATTからWTOに変わったことで、なにか変化はあったのでしょうか。

両者は基本的には同じスタンスですが、その違いには主に「強制力」が挙げられます。GATT自体の協定に強制力はなく、**WTOでは加盟国はその協定を守らなければなりません。**また、貿易に関連する紛争を解決する手段が強化されるなど、より力強い国際機関になったのです。

こうして進められたグローバル化の結果、なにが起こったのか。

　世界銀行によれば、2019年の世界全体のGDPは85.9兆ドルです。これは1960年時と比較すると約60倍の規模へと成長していることになります。

　さらに、近年は国内のモノを輸出したり、海外のモノを輸入するだけではありません。世界中の企業がサプライチェーンでつながっており、それらの企業間では膨大なモノやお金、人が行き交っています。サプライチェーンを機能させるには「仕入れの価格交渉」「製造過程での調整・すり合わせ」「販路の開拓」などビジネスにおいてさまざまなやり取りが発生するからです。このようにして、今日では国境を越える経済のグローバル化が構築されるようになりました。

\ ココも ポイント /

先進国と途上国が参加する WTO の交渉では、各国の利害関係が複雑すぎて対立しやすい難点もあります。実際、2001 年から始まった多角的通商交渉（＝ドーハ・ラウンド）は全メンバーが合意しなければ決着しないという全会一致（コンセンサス）方式を原則としたため、WTO の限界が浮き彫りになりました。

私たちが豊かになるには
どんな貿易が理想的なのか?

自由貿易では競争力のない企業は淘汰される

　世界の国同士で複数の通貨によるお金のやりとりが円滑になって、モノやサービスの取引の範囲が拡大。国際機関を設立することで、経済のグローバル化を世界全体に広げていったというのがここまでの流れです。

　グローバル化を進めていくと最終的にたどり着くのが、「自由貿易」です。

　自由貿易とは、一言でいえば「制限のない貿易」です。通常、貿易では国境を越えてモノやサービスを取引するとき、関税と呼ばれる手数料（＝税金）を支払わなければいけません。制限のない貿易とはこの関税を取り除き、国内の取引と同じ条件で自由にモノやサービスを取引できることを指します（図 5 - 3 参照）。

　生徒 ということは、自由貿易では関税のない取引を目指しているんですね。

図 5-3　　自由貿易と関税

制限のある貿易

 ＋ 関税　　輸出入で関税などがかかる

制限のない貿易

　　　　輸出入で関税などがかからない

自由貿易では制限のない貿易を目指す

　その通りです。自由貿易が進めば、私たち消費者はモノやサービスを安く購入できるようになります。なぜなら世界中からの輸入が関税なしで促進されることで、国内企業との競争が起こるからです。その結果、販売価格が下がって、消費者は低価格でさまざまなモノやサービスを手にできるというわけです。

　一方、企業にとって自由貿易はよい面も悪い面もあります。

　まず輸出する製品がある企業は、関税なしに外国で販売できるため、売上の増加が期待できます。

　しかし、**自由貿易によって海外から安いモノやサービスが輸入されると、海外企業と競合する企業や国内の生産者はその競争に勝たなければなりません。**消費者は同じ商品を扱う国内外の企業があるとき、当然安い商品を販売する企業を選択するでしょう。もし消費者が国内企業でなく、海外企業の製品やサービスを選べば、国内企業の売上が低迷したり、そこで働く労働者が失業したりすることにつながります。

例えば、アメリカのカルフォルニアのお米が日本に大量に輸入されたらどうでしょうか。カルフォルニアのお米は値段が安くて競争力があります。日本の農家が生産したお米が選ばれなくなったとしたら、日本の農家は打撃を受け、お米の生産という事業が成り立たなくなる農家も出てくるでしょう。

　生徒 自由貿易は必ずしもよい結果だけをもたらすわけではないのですね。どうすればいいのでしょうか。

　経済学では、消費者の利益を優先するべきという立場が主流です。
　自由貿易を推進して競争が起こると、各企業は生産性を高める努力をします。低コストでよい品質の製品やサービスが作られれば、消費者にとってはメリットです。ですから、その過程では、競争力のない企業が市場から退場するのはやむを得ないというのが論理です。
　ただ、先述したように、海外の企業と競う力のない企業が淘汰されると、仕事を失う人たちが出てきます。失業問題が発生するのですが、経済学ではそれも仕方ないと考えます。
　なぜなら国際的に競争力のない企業を存続させて、そこに人材をとどめるよりも、国際的に競争力のある企業に人材をシフトさせたほうが、結果的にその国の経済が活性化するからです。

　生徒 でも、仕事を失ったとき、そんなにすぐに次の仕事を見つけられない人もいると思います。

　そうですね。実際、他の企業での受け入れがスムーズに実現するかというと、むしろ時間がかかることのほうが多いでしょう。だからこそ、**関税というルールは労働者の仕事＝雇用を守るために存在しています。**

　例えば、日本が海外産のりんごを輸入するときにはりんごの商品価格そのものだけではなく、関税というプラスαの税金を海外の国から徴収しています。

　現在、日本がりんごにかけている関税率は17％です。100万円分の海外産りんごには＋17万円の関税を徴収していることになります。関税をかけることで当然、海外産のりんごはあまり国内に入ってきませんので、国内産のりんごは市場でのシェアを維持できます。

　このようにして、海外のモノやサービスが著しく国内に流入することを防いで、輸入競合企業やそれに従事する労働者を保護しているわけです（図 5 - 4 参照）。

図 5 - 4　りんごで考える関税の役割

海外産のりんご
日本産より安くて競争力がある
→りんご市場に増加

関税をかける

関税代金がかかるから日本に輸出する数を減らそう

海外産のりんごが減って
日本産の生産者が守られる

保護貿易には労働者の仕事を守る役割がある

　自由貿易によって、企業が失業問題が生じたりしないよう、輸入商品に関税をかけて国内の企業や労働者を保護することがあると述べました。

　具体的には、次のような制限をかけて自国の産業を守ります(これを「保護貿易」といいます)。

保護貿易の方法

① 輸入品に関税をかける
② 輸入品の数量を制限する
③ 輸入品に対する検疫を強化する

　①では輸入品に関税をかけて輸入品の商品価格を上げることで国産品の競争力を守ります。また、輸入競合の国内業者へ補助金を出すなどして、国内の生産にかかるコストを低下させて、その競争力を維持することもあります。

　②は輸入する量を少なくする方法です。ある量の輸入しか認めないことで国内産業を保護します。極端には輸入をゼロに制限することもあります。

　③では税関での検疫を強化して輸入品の量を制限します。ちょっと意地の悪い方法かもしれませんが、有害物質が付着しているなど「安全上の懸念」といった名目をつけて検疫を意図的に強化します。検疫作業を長びかせて実質的に輸入品が入ってこないよ

うにすることもあります。このような手段をとって、国内でその輸入品を売れにくくします。

　輸入品に関税をかけることは本来、市場で取引される価格を意図的に押し上げることを意味します。

　これは逆に考えれば、関税がなければ輸入品に太刀打ちできない国産品を残すことにもつながりますから、合理的に考えれば生産性の低い産業を保護することになります。

　日本経済の全体的な観点で見れば、生産性の低い産業に人材を温存させていることになり、あまり好ましくありません。

　それでも現実には自国の産業や労働者を守るために、世界中の多くの国はある程度の関税をかけているのが実情です。

\ ココも ポイント /

特定の農産品や工業品の輸入が急増したとき、一時的に物品の関税を引き上げるなど、輸入を抑制する措置は WTO で認められています。「セーフガード（緊急輸入制限）」と呼ばれ、一時的に国内産業への打撃を避ける手段として発動されます。ただ、輸入制限をずっと続けるのは、自由貿易の理念に反するため、WTO などでも認められていません。

日本の貿易への
スタンスは関税でわかる

日本はグローバル化に開放的な立場

　現在、多くの国で関税は設けられています。そのなかで日本はどの程度関税をかけているのでしょうか。

　図5-5は、主要各国の関税率を単純平均して一覧化した数値です。

「譲許税率」とは、貿易相手国に「これ以上高くしない」と約束している税率です。「実行関税率」とは、実際の関税率のことです。

　日本の関税率は、4％程度（全品目ベース）でアメリカやEUとほぼ同水準です。グローバル化に対して開放的な立場で、各国に働きかけて互いに関税を下げていく姿勢を見せています。得意とする分野（＝自動車などの工業製品）で相手国の関税を引き下げてもらう代わりに、日本が輸入する農産物の関税引き下げもある程度はやむを得ないというスタンスなのです。

　例えば、日本の「米」は、以前は一粒たりとも輸入させないという極端な位置づけでしたが、現在は全面的な輸入自由化に至らないまでも、海外からの輸入量を増やしてきています。

図5-5　各国の関税率

	単純平均譲許税率		単純平均実行関税率	
	非農産品	全品目	非農産品	全品目
香港	0	0	0	0
日本	2.5%	4.6%	2.5%	4.4%
アメリカ	3.2%	3.4%	3.1%	3.4%
EU	3.9%	4.9%	4.1%	5.1%
台湾	5%	6.8%	4.8%	6.5%
カナダ	5.1%	6.5%	2.1%	3.9%
シンガポール	6.2%	9.1%	0	0
ロシア	7.1%	7.5%	6.1%	6.6%
中国	9.1%	10%	6.5%	7.5%
韓国	9.8%	17%	6.6%	13.3%
チリ	25%	25.1%	6%	6%
ブラジル	30.8%	31.4%	13.8%	13.3%
インド	36%	50.8%	11.9%	15%
ケニア	57.9%	93.8%	12.3%	13.5%
レソト	60.1%	79.4%	7.5%	7.7%

出所：経済産業省『2022年版不公正貿易報告書』第5章P283より一部改

　なお、データからは先進国は関税率が低くて、途上国は関税率が高い傾向にあることがわかります。

　これは途上国の場合、他に期待できる課税手段がないこともあって、関税収入を国の主要な財源に充てている事情もあります。

　これに対し、**先進国は関税以外で多くの税金を確保できているので、自国消費者の利益や輸出産業の活性化、さらには他国との経済交流を重視する立場から、関税率は低い傾向にあるのです。**

関税率280％の農産物とは？

　では、具体的に日本はどのようなモノに関税をかけているので
しょうか。図5-6は、農林水産省が公表している日本の農産物
の関税率の一覧です。無関税の品目もありますが、広範囲の農産
物に関税がかかっていることがわかります。

　例えば、**お米は今でも280％という高い関税率をかけていま
す**。お米の関税は1キロ当たり341円で、重量に応じて課税する
仕組みです。これを税率に換算すると、お米の国際相場が1キロ
当たり122円として計算した場合、280％になります。仮に100万
円分のお米を輸入するとすれば、外国から関税代金として280万
円を徴収できることを意味します。

　その他ではチーズが30％、牛肉が38.5％の関税率です。なお、
日米貿易協定や環太平洋経済連携協定（TPP）の結果、アメリカ
やオーストラリア産の牛肉の関税率は25.8％まで下がっていま
す。

　生徒 こんにゃくは一定量でも高い数字ですね。

　はい、こんにゃくは一定量を超えると課される第二次税率が
2796円/kgです。この税率はこんにゃくの国際相場に換算して
1706％という高い数値です。やはり安価な海外製品が国内産よ
り低コストで販売されないように、高い関税率を設定していると
いうわけです。

図 5-6　農産水産物の関税率

大豆、コーヒー豆（生豆）、菜種	無税	みかん	17%
米	一定量無税 枠外；341円／kg	オレンジ	16%
小麦	一定量無税 枠外；55円／kg	りんご	17%
大麦	一定量無税 枠外；39円／kg	バター	一定量；35% 枠外；29.8%+985円／kg
粗糖	71.8円／kg	ナチュラルチーズ	一定量無税 枠外；29.8%
豆類（えんどう、小豆など）	一定量；10% 枠外；354円／kg	牛肉	38.5%
ばれいしょ、でんぷん等	一定量；10% 枠外；119円／kg	鶏肉	8.5%、11.9%
こんにゃくいも	一定量；40% 枠外；2796円／kg	鶏卵	8〜21.3%
緑茶	17%	えび	1%
とうもろこし（飼料用）	無税	かつお・マグロ類・さけ・ます	3.5%
生鮮野菜	3%	ぶり、いわし、あじ、さば、たら、ホタテ	10%
トマトジュース	21.3%		

一定の輸入数量（関税割当数量）に限り、無税又は低税率（枠内税率）を適用し、この数量を超える輸入分については、高税率（枠外税率）を適用するしくみ。

出所 ： 農林水産省輸出 ・ 国際局国際経済課『我が国の農林水産物の関税制度について P4より一部改

　農産物の関税をゼロにすれば、消費者にとっては安価な野菜や果物が手に入る機会が増えますが、農業従事者にとっては仕事がなくなるかもしれない問題が生じます。

　海外からの同じ品目を輸入するときにどのくらい関税を下げる

のか。あるいは、これらの品目を輸出する場合に、どのくらい関税を引き下げてもらえるのか。それが貿易協定を結ぶ上で重要なポイントとなっています。

生徒 ありがとうございます。一概に関税がないのもよくないし、高すぎてもよくないということがよくわかりました。

自由貿易では国と国が
喧嘩することもある

自由貿易がうまくいかないと貿易摩擦が発生！

　ここからは自由貿易によってもたらされる負の側面について、具体的にお話ししていきます。

　突然ですが、皆さんが家族や友人と喧嘩になったり、口論になったりするのはどのようなときですか？

生徒 自分に危害が加えられそうになったときや、意見が対立した場合です。

　自分の身の安全が脅かされたり、価値観が合わなかったりしたときですね。**実は、自由貿易を推進していくと、国同士で喧嘩になったり、口論になったりする場合があります。**

　それを経済学では「**貿易摩擦**」といいます。貿易摩擦では、貿易を巡って国同士が争う状態になり、政治問題にまで発展することがあります。

貿易摩擦を説明するために、日本人が食するお米を例にとって、アメリカから安価なお米が流入したケースを考えてみましょう。例えば、10kgのお米が日本産では3000円、アメリカ産だと2500円だとします（図5-7参照）。

図5-7　貿易摩擦のイメージ

アメリカ産の安いお米が
日本に入ってきたら

日本の農家

アメリカ産のお米と
競争に負ければ、
収入が減少して死活問題に

お米の輸出を増やして、
安いお米を
多くの人に売りたい

アメリカの農家

政治に強く訴える　　　　政治に強く訴える

日本政府とアメリカ政府を
巻き込んだ政治問題へと発展

　このとき、お米の関税がなくなって、自由貿易になれば、日本人はアメリカ産のお米を安く購入できます。1億2000万人の消費者がそのメリットを得られるという意味で大きな恩恵があります。

　ただ、個人レベルで考えると、1人当たりのメリットはアメリカ産と国産の差額の500円のため、恩恵を受けている実感はそれほど強くはないでしょう。

　一方、生産者にとっては切実な問題です。**日本の農家はアメリカ産との競争に負けて消費者に選ばれなくなると収入が減少します**。農家は日本人のなかではごく一部の人たちですが、死活問題

になりかねません。

　このようにグローバル化は特定の産業の、特定の人たちに大き
なデメリットをもたらすのがひとつの特徴です。

　日本の農家がこの状況をどう乗り切るかといえば、**自分たちの
お米が不利益を受けないように国に制度を整えてほしいと政治に
声を上げるでしょう。**しかし、アメリカの農家も日本へのお米の
輸出が増えるようにと声を上げるはずです。

　ついには、お米の日本への輸出を要求するアメリカとそれに抵
抗する日本との間で、国同士の貿易問題に発展してしまう。これ
が貿易摩擦が発生するしくみです。

日米貿易摩擦に見る自由貿易の代償

　実際、過去には日米で貿易摩擦が起こったことがあります。

　1970年代、日本は高度経済成長を経て、自動車産業が大きく
発展していました。世界の自動車市場のなかでも大きなシェアを
占めるまでに成長し、1980年には日本の自動車生産は1000万台
を突破。アメリカを抜いて世界一を記録しました。

　日本車は燃費と品質がよいために、海外のなかでも特にアメリ
カに日本車が流れ込むようになっていきました。

　ただ、この状況に困ったのはアメリカ国内の自動車産業です。
**日本車が市場を占めていくなかで、労働者の仕事が奪われていく
状況が生まれてしまったのです。**

　事態はアメリカの自動車産業自体が衰退する危機にまで発展し
ます。ついにはアメリカで日本製品の不買運動など「ジャパンバ

ッシング」が始まり、日本車を破壊したり、燃やしたりするといったパフォーマンスが横行するようになっていきました。

生徒 過激な行動をするくらいアメリカの労働者は困っていたのですね。

はい、そうです。さらに、1980年に全米自動車労組（UAW）などが米国際貿易委員会（ITC）へ日本車の輸入制限を求めるように提訴します。アメリカ政府と日本政府を巻き込んだ政治問題にまで拡大していきました。

こうした状況に日本政府と自動車メーカーはアメリカへの輸出を自主的に抑えることを決断しました。なんとか事態を収拾させたものの、日本にとっては手痛い経験となった出来事でした。

自由貿易を追求した結果、一方の国の産業が衰退する危機が発生する。日米貿易摩擦は、それが政治問題にまで発展したという典型的な例なのです。

＼ ココも ポイント ／

日本の自動車メーカーがアメリカ各地に進出して、現地工場での生産に切り替えたりしたのも日米貿易摩擦の頃が始まりです。アメリカ内で生産することで関税がかかりません。販売を伸ばすとともに、地元の労働者を雇用して地元経済にも貢献するためでした。

「反グローバル化」で新たな経済圏が生まれる

行き詰まりのグローバル化

　グローバル化とは逆行する動き、いわゆる反グローバル化の動きが活発になっていると私は先ほど述べました。

　反グローバル化とは、「グローバル化に反対するために繰り広げられる社会運動や思想」のことです。

生徒　例えば、どのようなものが挙げられるのでしょうか。

　ひとつには、**複数の国で活動する多国籍企業が発展途上国から不当な利益を上げているという批判**が挙げられます。これはウイグル自治区の少数民族に強制労働を課して得られる綿をユニクロなどが使用して利益を上げているとする主張などが該当するでしょう。また、大気汚染による環境破壊などもグローバル化を批判するための理由として挙げられています。

　グローバル化によって自由貿易が進展すると、それまで以上に海外のモノやサービスを受け入れるようになります。しかし、安

い輸入品や付加価値の高い商品が流入する代償として、その国の
なかで売上が減少する分野もあります。

　輸入競合産業やそれに携わる人々がデメリットを受けるのは、
どこの国でも同じです。グローバル化によるメリットよりも、デ
メリットの影響が大きいと考える人々、地域や国も出てくるのは
ある意味では当然なのです。そのような国で反グローバル化の機
運が高まり、国際的な自由貿易の枠組みに逆行する動きも見られ
るようになっているのです。

　経済に関するニュースを普段あまり見聞きしない人でも、
2017年にアメリカがTPPから離脱したり、2020年にイギリスが
EUから離脱したりしたことはご存じなのではないでしょうか。
これらは、反グローバル化を象徴する動きです。
　反グローバル化の結果、現在の世界はどうなっているのか。
　WTOが理想とした世界全体でひとつの自由貿易の経済圏が形
成されるようには進んでいません。むしろ、地域ごとの経済圏を
確立して進める動きが潮流となっています。

EUから見る地域の経済圏とは？

　例えば、EU（欧州連合）について見てみましょう。
　EUとはヨーロッパで経済と政治の両面で共通の考え方を共有
する国家の集まりで、1993年に発足し、2024年現在は27カ国が
加盟しています。ユーロという１つの通貨を加盟国共通で使用し
ており、経済面で見ればこのような地域単位の統合は「最適通貨

圏」という概念に基づいています。

　最適通貨圏とは、複数の国や地域が同じ通貨を共有することで、その地域内での自由貿易など経済統合を進めた、最も効果的な経済圏の範囲を指します。

生徒　ちょっと難しいです……。

　例えば、日本の例で考えてみましょう。

　日本国内には４つの大きな島があります。北海道、本州、四国、九州です。仮にこの４つの島が別々の国で、別々の通貨を使っているとします。

　お互いの島でやりとりする場合は、人やモノが移動するときに、関税をかけ合って、その度に輸出入の審査をしなければいけません。４つの島を移動するたびに、それぞれの通貨を交換したり、モノを検疫したりする必要があります。

　しかし、**このようなやり取りをしていると、モノの輸送コストが高くなり、モノやサービスの値段も高くなって、人々も日本国内を自由に行き来できなくなります。**日本全体のなかでは、ひとつの経済圏で同じ通貨を使い、人やモノが自由にやり取りできるほうが、皆さんにとって嬉しいですよね。

　EUの統合も基本的にこれと同じ論理です（図5-8参照）。ドイツからフランス、フランスからスペインなど人やモノが移動するときに複数のお金の交換や手間がかかっていては面倒だしコストもかかります。そのため、ユーロという１つの単位で通貨統合をして同じお金を使うようにしたのです。域内で関税や検疫もなく

して、人やモノが自由に移動することができるようにもしました。言い換えれば、EUは国家を越えた大きな経済共同体なのです。

図5-8　最適通貨圏のイメージ

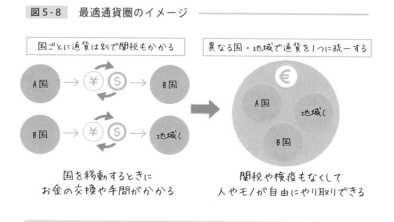

最適通貨圏のメリットは他にもあります。

それは通貨が1つになることで、複数の通貨を交換することに伴う手数料などのお金の負担がなくなる点です。為替レートが日々変動することで、取引のたびに、通貨の価値が切り上がったり、下がったりする為替リスクを気にする必要もありません。

生徒 為替リスクとはどのようなことを指しますか？

次のような事例で考えるとわかりやすいでしょう。

ユーロを導入する前のフランスではフランが通貨単位で、ドイツではマルクが通貨単位でした。仮に10フラン＝3マルクのと

きに、100万フランをマルクに交換したら、30万マルクになります。しかし、その1カ月後にマルクの価値が下がって、10フラン=4マルクになったとき、30万マルクをフランに戻すと、75万フランになります。

　つまり、**フランとマルクの為替相場の変動によって、25万フランの損失が発生したことになります**。これが為替リスクです。最適通貨圏では、このような為替変動による損失（または利得）などのリスクを気にする必要がありません。

　最適通貨圏はEUが注目されがちですが、今後はアジアや北米などを対象に議論となることもあるでしょう。特にアジアの国々は経済的に発展しており、その地域内での相互の経済関係も密接になっています。

生徒 アジアでの最適通貨圏は国境を越えたものになってくるということですね。

　はい。ただし、政治的、文化的にある程度共通の環境が形成されることも必要です。日本、中国、韓国、台湾など東アジアの場合は、政治体制が異なり地政学的リスクも高いです。経済的な連携が進んだとしても、通貨統合するにはそのハードルは越えなければならないでしょう。

最適通貨圏で
経済が活発になる理由とは?

EUから見える地域統合するメリット

EUの統合によって、EU内ではその理念である「人・モノ・資本・サービスの移動の自由」が実現しました。簡単に言えば、経済的にはひとつの国家ができたということです。

生徒 EUが誕生したことでどんな効果があったのでしょうか。

EU全体では経済的に成功しています。1990年代以降のEUの経済成長率は1〜2％程度です。これはアメリカよりは低いのですが、ほぼゼロ成長の日本より高い水準を維持しています。加盟国間での自由貿易が促進され、共通の市場や通貨を持つことによって、商品やサービスの取引が効率的になったことが大きいでしょう。

また、もともとヨーロッパは小さな国が多いのですが、EUとして1つにまとまったことで、アメリカ、中国などの大国と有利に競争できます。貿易交渉でもEUという巨大市場を背景とするほうが、発言力も強くなります。

　EU各国間を自由に行き来でき、その範囲ではどの国で働くのも自由です。ですから、他の国と比べて経済が好調で給料もよいドイツで働くことを選んで、より高い給料を稼ぐこともできます。物資の流通が盛んになるだけでなく、学校も国境を越えて自由に選ぶことができるようになりました。選択の幅が広がるのは、人々にとって嬉しいことでしょう。

地域統合によって経済格差が問題に

　その一方で、すべてが順風満帆というわけではありません。

　例えば、EU内での経済格差の問題です。ドイツのような経済的に豊かな国が存在する一方、東ヨーロッパやギリシャなど厳しい経済・財政状況の周辺国との間には格差が生じています。事実、2022年時点でドイツの失業率は5.3%程度であるのに対して、ギリシャは10%を上回っています。

　その結果、経済的に豊かで賃金も高いドイツに、周辺国から移民が流入するようになりました。特に中東やアフリカの紛争から逃れようとして、2010年代～現在までたくさんの移民・難民がEUに流入。当時のメルケル首相の指導力もあって、ドイツはその多くを受け入れました。ドイツの移民数は2022年には約146万人で過去最高を記録し、2021年時点ではドイツの人口の27.2%（2230万人）が外国人または移民系となっています。

　ドイツから見ると安い賃金で労働者を確保できる利点はありますが、言語や宗教などの文化的な背景が異なる人々との間での摩

擦が生じやすくなります。

　例えば、2016年6〜7月にかけて、ドイツのミュンヘンでショッピングモール襲撃事件が起きるなど、移民による一般人を狙った凶悪な事件が頻発しました。この2016年第1四半期には、移民による犯罪が約6万9000件発生していると報告されていますし、難民や移民を積極的に受け入れた結果、治安が悪化しているとの指摘もあります。

　しかし、増加し続ける移民・難民の受け入れを規制すれば、かえって不法入国などの新たな犯罪を増やす原因ともなり得ます。実際に、難民を追放する政策の実施によって、かえって犯罪件数が格段に増えたことも示されています。このように、EUの統合によって、人とモノの行き来がしやすくなった結果、移民や難民問題が大きな課題となっているのです。

　また、お金の問題もあります。**経済的に豊かなドイツが貧しい周辺国に巨額の補助金（総額で毎年約2兆円程度）を出している現実があるのです。**

　これは日本でいえば、東京への一極集中の問題と似ています。

　日本では東京への一極集中が進み、人やモノが集まる一方、地方との格差が生じています。地方が疲弊しないために、東京に集まった税金を地方への補助金として交付しているのですが、その額について東京都はスリム化を望んでいる一方、地方の各県は拡充を要求しています。

　ドイツの国内ではEUへの負担金に不満を持ち、イギリス同様にEUからの離脱を主張する人もいます。EU統合の裏側にはこういった域内格差という課題も残っていることを理解しておくと広

い視野で世界の動きを見られるでしょう。

最適通貨圏が求められる理由とは？

生徒 ところで、最適通貨圏の範囲はどうやって決まるのでしょうか。

おっと、そうですね。説明しましょう。

まず国や地域が最適通貨圏を形成するためには、経済的な発展状況や経済的相互依存の程度、社会的、文化的な慣習がどれだけ似ているかが前提となります。簡単に言えば、次の点が重要です。

> **最適通貨圏を形成するための条件**
>
> ・似たような経済レベル
> ・お互いの貿易のやり取りが盛ん
> ・法秩序＆マナーや慣習が似ている

先ほどの日本の例で言えば、日本国内は全体として経済発展の状況や慣習が似通っているからこそ、1つの通貨を使用するという最適通貨圏の概念が当てはまります（図5-9参照）。

もし4つの島でそれぞれの経済発展の状況が大きく異なっていた場合、1つの通貨を用いた共通の経済政策や景気対策ではきめ細かい対応が難しくなることは想像できるでしょう。それぞれの島の国家が4つの異なる通貨を発行するほうが望ましいことになります。

世界全体で見れば地域間で経済発展の程度、文化的な背景もさまざまです。1つの通貨圏として共通の世界通貨を使用し、同じ経済政策を実施して全体をまとめるのが無理な状況です。

　ですから、国や地域ごとに通貨も複数持つほうが望ましいのです。そうすることで、各国や各地域の実情に合った自由貿易（あるいは保護貿易）の程度や財政＆金融政策、為替レートの交換比率を選択することができます。

図5-9　グローバル化の現在地

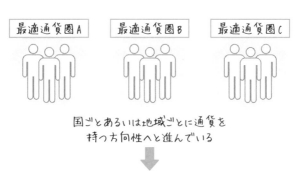

　自由貿易とグローバル化によってもたらされる負の影響を抑えるために、世界全体で1つの通貨圏を形成するのは必ずしも望ましいとは言えません。むしろ経済的なつながりの強い地域単位で各地域の経済環境の実情に合った自由貿易のしくみを推進するようになっている。それが世界の現在地と言えるでしょう。

\ ココもポイント /

最適通貨圏の範囲は拡大します。EUも以前は民主主義の市場経済政策を採用する西ヨーロッパが主体だったのが、東ヨーロッパ各国が共産主義の計画経済から民主主義の市場経済に移行し、徐々に経済成長を実現しました。その過程で、EU加盟国が増えていきました。

経済回復が遅れるイギリス
EU離脱の対価と代償

イギリスのEU離脱は正解だったのか

　地域単位で自由貿易を推進する方向になっているといっても、ミクロな単位で見れば、反グローバル化の動きは地域単位での自由貿易にも影響を与えています。ご存じの読者も多いでしょうが、その代表が2020年に起きたイギリスのEU離脱です。

　イギリスは2016年の国民投票をもとにEUからの離脱を決定しましたが、2023年時点では離脱によるマイナスの影響が目立つようになっています。仮に2023年にもう一度国民投票したとすると、離脱賛成票は過半数を取れないだろうと言われています。

　そもそも、なぜイギリスがEUから離脱したか、説明できますか？

　生徒 通貨については、他の欧州各国がユーロを利用していて、イギリスはポンドを使い続けていました。通貨については離脱するかどうかの争点にならなかったと思います。なぜ離脱したのですか？

　通貨の点はそのとおりです。そもそもイギリスはEUに加盟していたものの、通貨統合に参加していません。EUへの加盟によって恩恵を受けていたのは、「人・モノ・サービス・お金」の移動の自由です。

　イギリスがEUの前身であるヨーロッパ共同体ECに加盟したのは、1973年です。その頃のEC加盟国は西ヨーロッパの各国が主体でした。東ヨーロッパ各国は、共産主義の計画経済体制を取っていたため、民間の企業や個人が国を越えて自由に取引することができませんでした。

　東ヨーロッパ各国が共産主義の計画経済から民主主義の市場経済に移行し、2004年以降になると、東ヨーロッパ各国のEUへの加盟が拡大します。「人の移動」の自由に伴って、東ヨーロッパからの移民がイギリスにも流入するようになりました。

　イギリスはドイツとともに欧州のなかでは豊かな国です。**イギリスの労働者の賃金は高い水準であったことから、移民の流入が労働市場の競争を激しくさせ、もともとイギリスに住んでいた住民に失業問題が発生するようになりました。**また、文化や慣習の異なる移民が増加することで、社会不安も高まりました。

　当時のイギリスはドイツと同じようにEU域内で、巨額の補助金を負担する国でもありました。特に経済的に不安定な東ヨーロッパ各国に対する補助金です。このような移民問題、補助金問題を中心にイギリス国民の反発感情が高まります。

　「EUを離脱すれば、移民は抑えられる」「補助金を出す必要もなくなる」ということで、2016年の国民投票で離脱が決定し、2020年には、正式にEUを離脱することになったのです。

コロナでわかったEU離脱の代償

　EU離脱によってイギリスはEUの規則に縛られないで、イギリス独自の立場で政策を決めることができるようになりました。「人の移動の自由」の問題（＝移民対策）も解決できると考えていました。

　しかし、移民の制限はよいことばかりではありませんでした。「モノ・サービス・お金」の移動の自由が制限された結果、マイナスの影響が目立つようになります。

　例えば、EU諸国と輸出入を行う場合は、これまで適用されなかった関税の負担が生じることになりました。もともとロンドンは世界の金融街で、日本の銀行も含めて各国の金融機関がロンドンに拠点を構えていました。金融街に人があふれ、取引が活発化することによって経済効果を得ていたわけです。

　ところが、EU離脱を受けて、EU域内での自由な金融取引ができなくなったため、海外の金融機関はロンドンの金融街を離れます。ドイツのフランクフルトなど、ヨーロッパの他の拠点に移動せざるを得なくなりました。

　また、移民がイギリスにいられなくなったので、トラック運転手の数が減って、物流にも影響が生じています。このように、移民に依存していたイギリス国内の産業や企業は、短期的にはEU離脱によるマイナスの影響を受けているのです。

　2024年現在でも、イギリスにとってEUが最大の貿易相手であることに変わりはありません。離脱によってEUとの間に貿易や

投資、人の移動で障壁を設けることになったので、イギリス経済にはマイナスの影響が大きかったといえます。

実際、**2023年時点で主要７カ国（G7）のうち新型コロナウイルス・パンデミック前の経済規模を回復していないのはイギリスだけです。**物価変動の影響を除いた2022年の実質GDPベースでは２万2306億ポンドで、コロナ前の2019年の２万2383億ポンドを回復していない状況なのです。

同国は日本などが参加する自由貿易に関する協定TPP（環太平洋パートナーシップ協定）に加入することを決めましたが、これはEU離脱に伴う難問に対処するため、自由貿易の枠組みをアジアなどのEU以外の地域に求めたと考えられます。

反グローバル化の動きでEU離脱を強行したイギリスが、今後どのような経済成長を見せるのか。世界にとってもひとつの試金石となるでしょう。

国家の存亡をかけた
新たな問題が世界でくすぶる

「経済安全保障」で揺れ動く中国とアメリカ

　ここまで貿易を通しての経済的なメリット・デメリットを説明してきました。ところが、最近では経済面での損得問題を超えて、国の安全を揺るがしかねない問題が貿易分野で注目されるようになっています。

　例えば、最近ではさまざまな分野でアメリカと中国が対立していることは皆さんも知っていることでしょう。その対立が経済問題を超えて自国の安全にも関わるリスクとして取りざたされるようになっているのです。

　このリスクから国や国民を守るための考え方が「経済安全保障」です。経済安全保障では、国の平和や経済的な利益を守るために、国家規模で経済的な対抗手段を取ります。

生徒 経済的な手段とはどのような内容でしょうか？

　順を追って説明するために、まずは米中対立についてお話しし

ていきましょう。

　図5-10を見てください。2008年以降のアメリカの貿易赤字の内訳です。

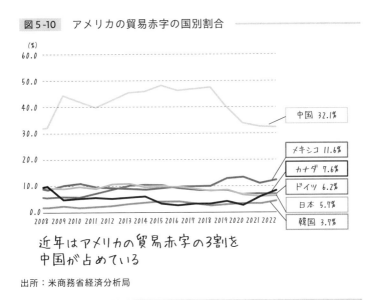

図5-10　アメリカの貿易赤字の国別割合

近年はアメリカの貿易赤字の3割を
中国が占めている

出所：米商務省経済分析局

　データにはありませんが、1990年代前半までは、日本がアメリカにとっての最大の貿易赤字国でした。ところが、1990年代後半から、中国の経済成長に伴って、中国からの輸入が加速。近年は**中国がアメリカにとっての最大の貿易赤字国になっています。**

　これは安価な中国製品がアメリカ内で流通し、アメリカ内企業の製品が売れなくなったことを示してします。日米貿易摩擦の自動車と同じ構図です。そしてアメリカでの失業問題にも発展し、

米中の貿易摩擦のきっかけとなっていきました。しかも、中国は安い製品をアメリカ内で流通させるという貿易面だけの影響でなく、科学・軍事面でも影響力を増していきました。

　例えば、宇宙開発の面で中国が単独で宇宙ステーションを作ったり、軍事面で大型空母の建造を進めたりと、国際的な存在感を強めていきました。

　2018年、アメリカのトランプ元大統領はこうした中国をけん制するように第一弾から第四弾まで関税引き上げを実施します。最初は自動車、宇宙、航空、産業用ロボットに25％の関税を引き上げたのが、徐々に対象物が増えて、液晶ディスプレイやスマートフォン、家電、家具など日常生活で使用するものも関税引き上げの範囲に入るようになりました。アメリカの関税引き上げが実施されると、それに対抗して中国も関税を引き上げるなど「貿易戦争」が発生したのです。

　生徒 関税が上がれば、輸出に不利になって自国産業の利益が減ってしまいますよね。

　その通りです。しかも、211ページで述べた日米の貿易摩擦とは異なります。米中対立の背景には政治的な発想の違いが大きく影響しているのです。

　政治的な意思決定システムをみると、アメリカは民主主義で、中国は専制主義です。専制主義国家とは、君主や独裁者などの個人やそれを取り巻く小集団が自分たちの意思に基づいて政治を支配する国家のことをいいます。

　中国は香港の民主化運動を抑え込み、台湾統一への動きを強めるほか、南シナ海への進出やウイグル自治区での人権問題など、民主主義を重視するアメリカと対立する問題をいくつも抱えています。これまで世界の覇権はアメリカが握っていましたが、中国が経済的に超大国化するにつれて、その既存秩序に中国が挑戦しようとしている。そのように欧米諸国は見るようになりました。「貿易戦争」はそのひとつの過程で起きた問題ともいえるでしょう。**米中対立は経済的な問題だけではなく、アメリカの覇権を脅かし、民主主義である欧米諸国の安全保障への脅威をも意識せざるを得ない事態にまで深刻化していったのです。**

IT産業で相手国に経済的措置を取るように

　アメリカ、中国ともに自国の安全保障を担保するために経済的な手段を取るようになります。わかりやすいのがIT産業です。

　中国企業がIT産業のなかで、優位な立場に立つと、その製品を通じて集まった膨大な個人情報のデータが中国企業から中国政府に流れる安全保障リスクが高まります（図5-11参照）。

　そもそもIT産業では先発製品のメリットが大きいという特徴があります。これは簡単に言えば「早いもの勝ち」という論理で、他の企業よりも早く製品を浸透させたり、新しい市場を作ったりすることで、利益を得やすくなり、後発の企業に対して優位な立場を取りやすくなります。

図5-11　アメリカと中国の関係

中国企業

中国政府

アメリカ内の個人情報や
政府の機密情報、
軍事上の機密情報が流れる

近年、目覚ましい
発展を遂げている

アメリカの安全が経済上のやり取りによって
危険にさらされる恐れがある

　例えば、アメリカのGoogle社が買収したYouTubeが動画再生コンテンツの市場で優位な地位を築けたのは、他の企業よりもいち早く同市場を開拓したことが大きいでしょう。競合企業との価格競争や商圏の取り合いを気にせず、自由にビジネスを展開できるため、先発企業は優位に立てるのです。

　他にもスマホなら「iPhone」、家庭用の自動掃除機なら「ルンバ」のように、そのカテゴリーにおける代名詞になっている製品はやはり先行者であることが多いです。

　近年、中国系企業は目覚ましい発展を遂げています。そのような企業が世界的なスタンダードになり、アメリカ国内で中国製品の利用が拡大すればどうでしょうか。

　アメリカ国内の個人情報や、政府の機密情報、特に軍事上の機密情報が中国政府に流れてしまう恐れが生まれます。これは人を使わずに、製品を通じてスパイ活動するようなものです。実際、2021年3月に日本でも、ユーザーの個人情報が委託先の中国人社

員から閲覧可能な状態だった「LINE問題」が起きました。

　アメリカは2022年11月、中国の通信機器大手「ファーウェイ」や「ZTE」など５社の通信機器と監視カメラの輸入や販売の禁止措置をとると発表しました。また、中国のバイトダンス社が提供するSNSアプリ「TikTok」をアメリカ政府が使用する携帯電話からは使用禁止にしました。このように、中国系のIT製品やソフトなどをアメリカから締め出そうとする動きが顕著になっています。

　TikTokを利用するかどうかは、基本的には自己責任ですが、個人情報を中国企業に提供しているリスクをユーザーは認識しておく必要があるかもしれません。中国には、「国家情報法」という法律があり、**中国企業が中国政府からデータの提供を要請された場合、その要請に応じなければならない**からです。

　こういった事情から、アメリカは中国製品の利用に規制をかけることで、国や国民の安全を守る対策をしているわけです。他にも半導体や電気自動車のバッテリー、その原料となる重要鉱物について、民間から軍事技術に転用される恐れがあることもあり、両国はお互いに規制をかけ合うなどの揺さぶりをかけています。

米中対立は今度どうなるのか？

　グローバル化が進行した国際環境では、サプライチェーンも国際分業化して経済的相互依存が深化しています。こうした国際経済環境では、国家間の対立が国際紛争まで発展すると、お互いに経済的な損失が大きくなるため、深刻な対立は生じないだろうという考え方がありました。

しかし、今日の米中経済摩擦では、他国（特に敵対国）に経済的に依存することが自国の安全保障のリスクにつながる、という考え方が主流になったと言えるでしょう。

　安全保障が経済問題にも波及する背景には、例えば、**半導体が一般家庭向けの自動車、家電、ゲーム機器などに使われると同時に、半導体は軍事技術開発にとっても重要になってきたという現実**があります。民間の経済活動と軍事力の増強との垣根が低くなっているのです。さらに、経済に不可欠なエネルギーをいかに確保するか（エネルギー安全保障）や、生活に不可欠な食料をいかに確保するか（食料安全保障）の領域にまで経済安全保障の対立は拡大しています。

　先ほど述べた通り、アメリカと中国は民主主義か専制主義かで全く異なる意思決定システムです。したがって、1990年代に起きた日米経済対立が貿易面での摩擦であったのに対して、今日の米中対立はより根の深い対立になっているのです。

　人口が増加し、イノベーションが生まれやすいアメリカ経済は中長期的にもそれなりの活力を維持するでしょう。人種間の対立や急増する不法移民問題などで政治的分断も顕著ですが、民主主義が機能する限り、アメリカがそれらを克服することは可能です。

　しかし、**人口が減少し、政治的自由の乏しい中国が中長期的にこれまでのようなめざましい発展をする可能性は低い**でしょう。実際、中国政府は、2022年末時点の人口が推計で14億1175万人と、前年比で85万人減ったことを発表しており、中国の人口が減少したのは61年振りです。

　また、有能な若い人材が政治的自由のない中国国内で今後も活

躍できるかといえば、不透明です。そう考えると、米中の覇権争いは、長い目で見ればアメリカに有利な形で決着する可能性が高いでしょう。

日本の安全保障で 中国が経済発展するのはプラス

　一方で、中国が隣国として経済発展してきたことは、日本からの輸出増につながっています。財務省の貿易統計によると、2022年の日本の貿易相手国のうち、中国への輸出に占める構成比は19.4％。前年対比では2.3ポイントと低下していますが、2020年以降はアメリカを抑えて、3年連続で1位となっています。

　中国が経済的に発展し、国が安定するのは、日本の安全保障上でも好ましいことです。なぜなら中国経済が安定して発展しないと、東アジアの地政学リスクは高まるからです。中国の指導者は愛国心を鼓舞することで、国内経済の不満を外国に向けようとしがちです。その矛先は台湾とともに日本です。中国で反日感情が高まれば、中国の軍事力増強に対抗するため、日本も防衛費を増額せざるを得ません。こうした軍拡競争は両国経済の重荷になります。これまで中国と日本は経済的にも相互依存することで発展してきました。今後も、隣人の中国が経済的に発展するのに日本が寄与することは、日本の経済成長にもプラスですし、東アジアの地政学リスクも軽減されるでしょう。

　日本は中国など近隣諸国とも経済的に望ましい相互依存関係をつくって、お互いにグローバル化、自由貿易で得になるウィン－ウィンの関係を構築することが重要です。

6th period

第6時限

経済学から見る戦争の
もうひとつの"顔"

経済学で戦争を見ると
新たな気づきがある

人類の歴史は戦争と紛争の連続

　戦争は、国と国との武力を用いた領土を巡る争いです。皆さんもご存じの通り、ミサイルや戦車などの兵器を使って相手国の兵士や施設を攻撃し、領土を奪おうとします。両国の一般国民にまで大きな被害が出ることもあります。

　一方で、**戦争には経済的な視点が深く関係しています。**

　戦争を始める前には、軍事力を強くするために必要なお金をどうやって調達するのか。また、戦争が始まって不幸な出来事（人的、物的損害）が起きる裏側で利益を得ているのはいったい誰なのか。そういった戦争のしくみや利益と損失を明らかにすることによって、いくつかの気づきを得られます。

　おそらく皆さんが学校で学んできた戦争は過去の歴史においていつ頃にＡ国とＢ国が戦って、Ａ国が勝ったという表面的な内容が中心でしょう。そして、私も含めて読者の皆さんのほとんどは現実の戦争を経験したことがないはずです。自分事として戦争を考えるのは難しいかもしれません。

　そもそも人類の歴史は戦争と紛争の連続です。文明や科学技術が発展して国際的に人道的な倫理観が共有された現在でも、世界中のどこかで戦争や紛争は起き続けています。

　2022年にはロシアがウクライナに侵攻し、2023年には中東のガザ地区でイスラエルとハマスの戦争が起きました。経済という視点からこうした戦争の裏側を垣間見ることで、第 6 時限は世界のしくみをより理解できるようになるでしょう。

過去の戦争では賠償金と領土が得られた

　戦争というと、住宅や道路などのインフラ施設が破壊されたり、人が傷ついたり、死人が出たりするなど、私たちにとっては言うまでもなく「負」の面が大きいように感じます。

　しかし、経済に限って考えれば必ずしも負の影響ばかりとはいえない現実が存在します。

　特に過去の戦争では、勝利することで経済的なメリットがたくさんありました。

> **戦争に勝つメリット（過去）**
>
> ・多額の賠償金
> ・相手国から取った植民地

　戦争に勝つことで、負けた国の領土の一部を植民地として取得できた上、賠償金を取ることができたのです。

　例えば、日本もかつては戦勝国として領土や賠償金を得た歴史

があります。日清戦争（1894〜1895年）では、台湾をはじめとした領土を獲得したのに加えて、賠償金として2億両を得ました。これは当時の日本円で3億円に相当し、当時の日本の国家予算の約4倍にあたる大金です。

　ロシアと争った日露戦争（1904-1905年）では、日本はロシアの領土だった樺太の南側、中国の旅順・大連などの鉄道の利権などを獲得しました。ただ、日露戦争ではロシアからの賠償金を受け取れなかったことから、国民の不満が爆発して日比谷焼き討ちという事件が発生しました。これは、逆に言えば国民も戦争に勝てば賠償金をもらえると考えていた時代だったのです。

　一方で領土や賠償金の損失で大きな規模を示す例が、1918年に第一次世界大戦で敗北したドイツです。

　この敗戦でドイツは領土の13パーセント、人口の10分の1を失いました。西部では、40年以上前からドイツに編入されていたアルザス・ロレーヌ地方がフランスに復帰し、ベルギー、デンマーク、ポーランド、チェコスロバキア、リトアニアなどのドイツの植民地をすべて失いました。

　さらに、賠償金総額は1320億金マルク（現在の日本円に換算して約200兆円）となり、当時のドイツの国家予算の何十年分にも当たる金額でした（その後、1932年に30億金マルクに減額されました）。支払いは第二次世界大戦後から2010年に完了するまで92年間も続いたというから驚きです。

　いずれにしても、過去の戦争では賠償金や植民地を得るというメリットが国際的に認められていました。

なぜ戦争をするのか？
侵略国の思惑と
現実のギャップ

長期的に支配しようとすれば投資をする

　過去の戦争では侵略した土地から利益を収奪することがひとつの目的です。その方法にはいくつかの種類がありました。

侵略した土地から利益を得る方法

① 土地を略奪して富を根こそぎ奪ってそのまま自国に戻る
② 侵略してその土地を長期的に支配して富を得る

生徒 ①番目はわかりやすいですが、②番目はよくわかりません。

　説明しましょう。②はその土地での経済活動を持続させる方法です。土地を支配して長期的には利得を得ようとするならば、インフラを整備したり、教育に投資したりして経済発展を促すことで、その分け前を受け取れるようにしたほうが効果的です。
　チンギス・ハーンが君臨した13世紀のモンゴル帝国がよい例です。領土を拡大したモンゴル帝国では東西を結ぶ交易路の安全を

確保して、人やモノが盛んに往来するようにしました。占領した地域を含めたユーラシア大陸という広域で関税などを撤廃し、自由な貿易を促進したのです。

　東西の世界を結ぶ交易路の安定をもたらした結果、モンゴル帝国は巨大な富を得ました。また、ヨーロッパとアジアで経済や文化の交流も盛んとなり、その後の世界経済のグローバル化にも大きな影響を与えることになったのです。

植民地化や賠償金は国際倫理に反する

　ただし、現在は事情が違います。

生徒 植民地や賠償金という言葉は学校で学んだ記憶がありますが、最近のニュースでは聞かなくなった気がします。

　その通りです。第二次世界大戦で日本は敗戦しましたが、主な交戦国であったアメリカや中国、韓国には賠償金を支払っていません。(フィリピン、ベトナム、ビルマ(現ミャンマー)、インドネシアの4カ国には支払いました)。むしろ、戦勝国のアメリカは支援を通して日本の戦後復興に貢献した一面もあります。

　賠償金の支払いを求めたり、植民地にしたりすることは、国際的な安定や平和を損なう恐れがあるためです。現在では、戦争が終わると、勝った国は国際会議を通じて負けた国と平和的な条約を結び、今後戦争が起こらないような取り決めをします。

\ ココも ポイント /

> 侵略戦争という名目ではなくて、その地区の住民が住民投票で独立を宣言するという理屈で、事実上領土を拡張する動きはまだ見られます。2014年にはウクライナ領のクリミア半島でロシア系住民が突如独立を宣言し、「クリミア共和国」を樹立。翌日にロシアが併合し、現在も実効支配を続けています。

資源と戦争の悲しい関係性

　現在、戦争に経済的メリットがあるとすれば、天然資源が得られることです。石油や鉱物、食料品、水など戦略的に重要な資源を巡って国同士が争うことは近年でも珍しくありません。

　例えば、1996年に金や銅、スズなどの資源が豊富なコンゴで戦争が起きたり、1983〜2005年にはスーダンで石油資源をめぐる内戦が起きたりしました。1990年にイラクがクウェートに軍事侵攻して発生した湾岸戦争も、イラクのフセイン元大統領が石油利権を狙ったことが原因だと言われています。

　天然資源が戦争や紛争の火種になるということです。

　日本に関係する問題でいえば、尖閣諸島の問題は天然資源が絡んでいます。

　尖閣諸島は東シナ海に位置する小さな島々で、1895年にもともと無人島だったのを日本が領土編入しました。事実上日本が領土として実効支配してきましたが、その後、豊富な石油と天然ガ

スといった天然資源が眠っていることが判明しました。

　1994年の経済産業省石油審議会の発表によれば、尖閣沖周辺の原油埋蔵量は約32.6億バレルと推計されています。重要な航路や豊富な漁場に近いこともあってか、1970年代以降になって中国も領有権を主張するようになりました。こうして現在にまで続く日本と中国の領有権争いが発生しています。現在でも天然資源を理由に国と国が争うことは珍しいことではありません。

図6-1　戦争をするメリット

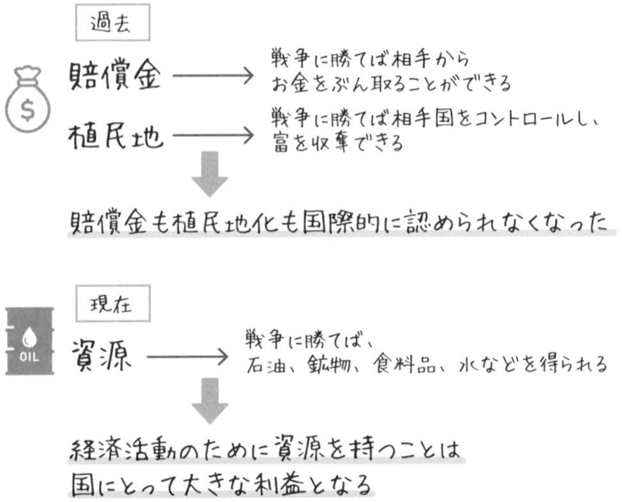

過去

賦償金 ——→ 戦争に勝てば相手から
　　　　　　お金をぶん取ることができる

植民地 ——→ 戦争に勝てば相手国をコントロールし、
　　　　　　富を収奪できる

賠償金も植民地化も国際的に認められなくなった

現在

資源 ——→ 戦争に勝てば、
　　　　　石油、鉱物、食料品、水などを得られる

経済活動のために資源を持つことは
国にとって大きな利益となる

　話を戻します。現在の戦争では勝っても賠償金や領土を広げる経済的なメリットはないでしょう。というよりも、マイナス面が多いケースもあります。

戦争がもたらす経済への主なマイナス面

・兵器などを買うコスト
・戦死者による人口減少
・上記などによってGDPが減少

　時間軸で考えると短期的には、兵器を買ったりするためのコストがかかりますし、中長期的には多くの戦死者の発生によって人口が減少し、労働力も減りますので、GDPに対する影響はマイナスとなるのです。

　勝利したとしても、相手国の復興に協力することが求められるでしょうし、自国の復興にもかなりの時間と費用を必要とするため、やはりマイナスなのです。戦争当事国はお互いに相手を破壊し合うので、とても生産的な行為とは言えません。実際、戦争は地震やハリケーンなどの大規模な自然災害と同じレベルの経済的にマイナスの大きなショックを与えることがわかっています。

　例えば、1923年の関東大震災の被害額は、東京市による推計で約52億7500万円、内閣府によると55億円以上とされています。当時のGNP（国民総生産）の35.4〜37％に相当し、2011年の東日本大震災の被害額がGDPの約3％と比べると甚大な被害です。

　一方で、戦争のコストや被害は自然災害以上に巨額になり得ます。

　日本が日中戦争から太平洋戦争終結までの8年間にかけた戦費は、現在の貨幣価値に換算すると300兆円にもなり、この戦争によって損失した国富（＝国民全体が保有する資産から負債を差し引いたもの）は653億円、現在価値にして約800兆円にも上るともいわれているのです。

戦争が起きている周辺国に経済効果が発生しやすい

ウクライナ危機で儲かっている国は？

　ここまでは戦争当事国に限って話をしてきましたが、周辺国にまで話を広げると戦争は必ずしもデメリットばかりではありません。というのも、戦争で経済に最もプラスの影響があるのは周辺国なのです。

　生徒　……ウクライナ危機で潤っている周辺国はあるのでしょうか。

　ウクライナ危機では、当然ウクライナは大きな負担を強いられています。侵略したロシアも人的・物的ともに損失は大きいです。これに対して、潤っているのは……アメリカの軍事産業と言えるでしょう。アメリカが膨大な予算で兵器を製造しウクライナに供与していることで、軍事産業が儲かっているのです。米連邦準制度理事会（FRB）の統計によれば、米鉱工業生産のうち防衛・航空宇宙産業の生産は、2022年からの2年間で17.5％増加しまし

た。これにはロシアの脅威によって自国の軍事力を増強しようとするヨーロッパの国々からの取引も舞い込んでいることがわかっています。

また、EU諸国がウクライナに援助していますが、**近隣のブルガリアの兵器工場はフル操業の状態となっており、戦争特需が発生しています。**

戦争特需とは、戦争をしている国の周辺国で急激に需要、輸出が伸び、経済が活性化することを指します。つまり、戦争が起こることで周辺国の経済が活発になるというわけです。

AFP時事によれば、2022年のブルガリアによる軍需品の輸出は40億ユーロ（約5700億円）となり、ロシアがウクライナに侵攻する前の3倍になりました。

ブルガリアはEUのなかで貧しい国に分類されますが、弾薬工場の人員が足りなくなっていることもあり、仕事を求めて若い労働者が国外から戻ってくるようになったと言われているほどです。

戦争が始まると、周辺国に戦争特需が発生するのは過去の歴史からも明らかです。

1950年に始まった朝鮮戦争では、日本に「朝鮮戦争特需」とよばれる特需が発生しました。朝鮮戦争とは1950〜1953年にかけて、朝鮮半島で起こった戦争です。北朝鮮が南朝鮮（大韓民国）を侵略し、国境を越えようとしたことがきっかけでした。

隣国で起きた戦争ですが、日本は韓国を支援していた米軍のために軍事物資や生活に必要な物資を調達するという重要な役割を担いました。

日本の企業にはアメリカ軍から毛布、トラック、鋼材などの戦地用資材の大量の発注が舞い込み、輸出も急拡大しました。これが多くの企業の経営が立ち直るきっかけとなったのです。

　特需による金額は、1955年にかけて36億米ドル＝当時の約1.3兆円だったと推計されています。1950年当時の日本のGDPが約8兆円であったことを考えればものすごい金額です。

　当時、日本は第二次世界大戦で敗戦したばかりのため、国が疲弊していましたが、朝鮮特需によって日本経済は大きく復興へと弾みをつけました。日本が本格的な高度成長期へ移っていけたのは戦後の混乱期を朝鮮特需で脱したからと言ってよいでしょう。

　また、1960年代以降のベトナム戦争では、日本やアジア各国など広い範囲で特需が発生しました。

　ベトナム戦争は、アメリカと北ベトナムの間で1955〜1975年まで約20年間行われた戦争です。韓国ではアメリカなど国連軍の物資調達、台湾では南ベトナム向けの輸出、タイ、フィリピン、香港などでは米軍基地の新設や駐留軍、帰休兵による観光業の発展、シンガポールでは石油製品の輸出などでそれぞれの国が潤いました。

　このように東南アジアの諸国はベトナム戦争特需の効果が大きかったのです。なお、日本では朝鮮戦争特需ほどの大きな規模ではありませんでしたが、ベトナム戦争の特需が高度経済成長期を少しは下支えしました。

　戦争が起きると周辺各国に戦争特需が発生する。今後、戦争が起きたときにどの周辺国に特需が発生しているのかという視点で見ると、新たな発見があるかもしれません。

戦争のゆくえは
国債で占うことができる

なぜ戦争と国債はセットなのか

　戦争が起きてしまうことは悲惨であり、避けるべき事態です。しかし、もしも起きてしまったときに今後の成り行きがどうなるかは、その時代に生きている多くの人が気になるはずです。

　ここではそのようなお話をしていきましょう。

生徒 経済学的に戦争のゆくえを占えるということでしょうか。

　そこまで言い切っていいのかは疑問ですが、ひとつの基準として国債の金利があります。

　国債とはいわば、国の借金だと説明しました。戦争では多くの場合、国債が必要となります。

　なぜ戦争になると国債が必要になるのか。

　まず、**ある国が戦争しようとしたとき、突発的に巨額のお金が必要となります**（図6-2参照）。兵器を購入したり、軍事物資を増強したりするなど戦争のコストがかかるからです。しかも、そ

の金額はどのくらい必要なのか見通せません。一旦、戦争が始まるといつ終わるのかわからないためです。

図6-2　戦争と国債の関係性

戦争にはお金がかかる

兵器や物資などの購入コストがかかる
国民からの税金を大きく増やすことは反発を招くため難しい

国債発行へ

このような状況で戦争のために、国民からの税金を戦時中に大きく増やすことは反発を招くため難しいです。ですから、国債という形で国は借金して、そのお金で戦争の費用を賄います。

国債と戦争の歴史は300年

歴史上、初めて国債で戦争のためのお金を調達したのはイギリスです。1694年に「第二次英仏百年戦争」といって、イギリスとフランスは、ヨーロッパ大陸や他の地域で植民地の取り合いの戦争をしていました。このときに、イギリスは戦費を国債で調達する手段を構築しました。

国債を発行するときには、お金を貸してくれる人たち（＝投資

家）を募集しなければなりません。募集役を引き受けるために設立されたのが、国債の引き受けの役割を持ったイングランド銀行という金融機関でした。

　低金利の国債発行でお金を調達できたイギリスは戦争に必要な費用を賄うことができ、100年近くにわたる長期の戦争を戦い抜くことができました。一方、対戦国のフランスは高金利の国債しか発行できず、この信用力の差が戦争の帰趨を左右したともいわれています。

　以後の世界では、戦争のためのお金を調達する手段として、国債の発行が一般的になっていきました。**戦時という非常時に借金をして、戦後の平時に少しずつ返済していくという方法が確立されたのです。**

国債の金利で戦争に勝つ国を見分ける

　繰り返しますが、国債は国の借金です。お金を貸す投資家の側は当然、金利を含めてちゃんと返す相手に貸したいと考えます。

　戦争に負けると、国債を払い戻しできない（＝債務不履行）リスクが高まります。このリスクが大きければ、国債の金利は高くなります。そうしないと、投資家がその国債を買わないからです。

　第2時限で学んだように、金利というのは、需給バランスで決まります。**もし国債を買いたい人が多ければ、国側にとってより有利な条件で国債を発行できるので、金利は低くなります。**一方で、国債を買いたい人が少なければ、国債の発行条件は国側にとって不利になって金利は上がります。

戦争に当てはめると、その国に勝利すると予想する人が多いほどより有利な条件で国債を発行できるため、金利が低くなる。逆に、その国が敗戦すると予想する人が多いほど金利は高くなるわけです。言い換えれば、**金利が低い国のほうが有利な条件で国債を発行できるため、戦費調達を有利に進められて戦争に勝利する可能性が高まるのです。**

図6-3　国債の金利と戦争の勝敗

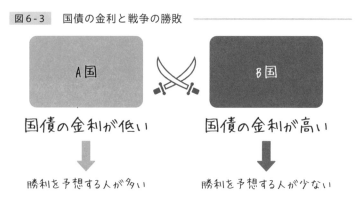

国債の金利が低い　　　　国債の金利が高い

勝利を予想する人が多い　　勝利を予想する人が少ない

有利な条件で国債が買われたほうが戦費調達を有利に進められるため、
国債の金利が低い国のほうが勝つ確率は高くなる

　ちなみに、日本も1904年に始まった日露戦争で国債を発行し、戦費を賄いました。
　明治維新以後、日本は経済発展を遂げてはいたものの、国内だけで巨額の戦費を調達することは無理でした。そこで、海外でも国債を発行して資金調達をする必要がありました。
　国債の募集役はイギリスとアメリカの投資銀行。日本国内だけ

でなく、ロンドンとニューヨークで国債を発行して資金調達をしようとしたのです。

　ただ、戦争相手国のロシアは大国です。ヨーロッパ諸国を中心とした投資家の間では、日本の勝算は低いと見込まれていたため、なかなか有利な条件でお金は集まりませんでした。

　しかし、日本は政治家・高橋是清がイギリスに渡って奔走したとき、ユダヤ金融家からの申し出を受けます。その人物はユダヤ人を迫害していたロシアに抵抗しようとしていたため、日本は大きな金額を借りることに成功したのです。

　その後、日本が「鴨緑江の渡河作戦」という重要な軍事作戦に成功すると、世界の見る目は反転。イギリスとアメリカで発行された日本の国債は、申込者が予定の数倍以上になり、発行銀行には何十メートルもの行列ができるほどの人気となりました。

　こうして、**日本は日露戦争で必要となった軍事費のうち、78％を国債で賄うことができました。**そのお金で兵器を買い、軍事力の増強に成功し、大国ロシアに勝利するに至ったのです。

国債の金利と戦争の関係

> **国債の金利が低い……戦争に勝つ可能性が高い**
> **国債の金利が高い……戦争に負ける可能性が高い**

　戦争のときに発行する国債の金利というのは、その国が戦争に勝てる可能性を市場がどう評価しているのかの目安になります。

　戦争の帰趨を判断するひとつの指標として覚えておいて損はないでしょう。

戦後は復興次第で
経済発展の道がひらける

戦争の破壊行為が経済的には
プラスになることも

　戦前、戦中とお話を進めてきました。ここでは戦後の復興を経済学的な視点で考えてみましょう。

　先述の通り、戦争自体はインフラの破壊や多くの戦死者をもたらすため、戦争当事国は経済的にも大きな損失を被ります。

　実際、2022年に起きたロシアによるウクライナ侵攻では、ロシアとウクライナの両国に大きな損害が出ていることがデータで明らかとなっています。

　ウクライナ国家統計局によると、2022年の実質GDP成長率は1991年の同国最低となる−29.1％を記録。一方のロシア側も、2022年にはアメリカや欧州などの経済制裁（ロシア産天然ガスや石油の禁輸）を受けて、−2.1％を記録しました。

　戦争自体は破壊行為ですので、戦争の当事国に大きな損失を生むことに間違いありません。

　ただ一方では、経済的視点だけで見た場合のみに限りますが、戦後の復興では戦争行為がメリットになることもあります。

　突然ですが、みなさんがお持ちのスマホ、どのようなときに買い替えましたか？

　生徒 完全に故障したときに買い替えました。

　そうですよね。スマホの本体が壊れたり、バッテリーが完全に消耗して立ち上がらなかったりしたら、新しく買い替えるのが普通でしょう。壊れたスマホを直すのには高い金額が求められるはずですし、直ったとしてもスペックが大きくアップするわけではありません。であれば、最新スペックを備えた新しいスマホを購入したほうが高い満足度を得られます。

　実は、戦後の復興も同じです。

　戦争では、特に敗戦国で建物や道路、上下水道などインフラが大きく破壊されます。**戦争が終わったときは既存の街並みに戻すよりも、道路を整備したり、綺麗な街並みを構築したりするなど新しい都市づくりができれば経済発展のチャンスとなります。**もしインフラをリセットするチャンスがなければ、昔の街並みが残るので、長期的に経済発展の足かせになるとも考えられます。

　大地震でも、火災や津波で古い町並みがなくなった後のほうが、震災に強い町並みを整備しやすくなることを考えればイメージしやすいかもしれません。戦後復興では古いインフラをリセットしてゼロから出発できる可能性があり、復興次第で経済発展の道がひらけるという捉え方もできるのです。

　事実、東京大学の澤田康幸教授が発表した「世界各国での自然災害や戦争の経済的影響を実証分析した研究」（2011年）では、長

期的には、自然災害と戦争は1人当たりGDPの成長率に正の影響をもたらすことが示されています。つまり、自然災害や戦争を契機として、長期的に新しいインフラや産業が整備されると、1人当たりGDPを押し上げる効果が確認されているのです。

ホンダやソニーが生まれた背景に戦争あり

　過去を戦争でリセットするという意味では、インフラだけではありません。企業も同様にリセットされることがあります。

　日本では第二次世界大戦の戦前に三菱財閥、住友財閥、三井財閥、安田財閥という4大財閥が産業界に君臨していました。財閥とは、日本の経済を牛耳っていたお金持ちの同族支配による企業グループのことです。

　1945年に日本が第二次世界大戦で敗戦すると、勝利国のアメリカが財閥を解体しました。財閥は日本軍が使う軍艦を造ったり、石油の供給に貢献したりと日本の軍事力との関わりがあったため、再び軍事国家になるリスクを排除しようとしたのです。

　財閥が解体されると、財閥が幅を利かせていた産業に空白ができ、さまざまな新規の企業が競争しながら成長していく環境が生まれました。そこに設立間もない中小企業が新しい分野に参入するようになり、戦後日本の経済を引っ張るホンダやソニーなどの企業もまさにこの空白から誕生したのです。

　古い産業構造を一度にリセットすることが、日本経済の活性化につながったというわけです。

金本位制と昭和恐慌が
日米開戦の
経済的背景をつくった

日本がアメリカに戦争を仕掛けた
経済的理由は?

生徒 戦争の原因を考えるとき、なぜ日本が第二次世界大戦に参戦したのかがわかりません。普通で考えれば負けることがわかりそうなのに……。日本が参戦したのも経済が関係しているのでしょうか。

　よい質問ですね。日本が1941年に第二次世界大戦に参戦した理由は当時の経済情勢と、その背景にあった財政金融政策が影響しているといわれています。

　具体的には、1930年代の「金本位制」と呼ばれる財政金融政策と、その影響を受けた「昭和恐慌」が大きな原因です。

第二次世界大戦に参戦した経済的背景

・金本位制……金をお金の価値の基準とする制度

・昭和恐慌……1930〜1932年にかけて日本を襲った深刻な
　　　　　　　不景気

金本位制とは、通貨の価値基準を金の価値に設定するという制度です。中央銀行の発行する通貨＝紙幣と一定量の金とを等しい価値の関係にして、決められた固定レートで相互の交換が自由に行われることを保証します。

生徒……ちょっと難しくてよくわかりません。

　お金がなかった古代の物々交換をイメージしてみましょう（図6-4参照）。
　その時代、村Aでは貝殻を通貨として使い、村Bでは絹を通貨として使うなど通貨が統一されていませんでした。そのため、例えばお米1kgを買うには村Aでは貝殻10枚と交換する必要があり、村Bで絹10もんめを必要としました。同じモノを購入するにしても、村Aと村Bでは違うモノで交換していたわけです。
　これでは不便だということで誰もが認める共通の価値尺度として金を設定したのです。これが金本位制の始まりです。世界の遠い外国の場所でダイヤモンドを買っても、またシルクを買ってもみんなが認める金さえ持っていれば交換できるようにしたわけです。
　ただし、金は重量があります。あらゆる経済取引のためにたくさんの金を持ち運ぶのは面倒です。その代わりに登場したのが貨幣（＝紙幣）でした。金1kgの価値がある貨幣X、金5kgの価値がある貨幣Y、金10kgの価値がある貨幣Zといった具合に貨幣の種類を作れば持ち運びも簡単です。
　このようにして、貨幣が金の代わりとなったのが金本位制です。

図6-4　金本位制のイメージ

金が誕生する前

貝殻と交換　　お米1袋　　絹と交換

村A　　　　　　　　　　　村B

共通の価値として「金」が誕生

「金」は重いため、代わりに貨幣が生まれる

もっと深掘り！

貨幣が金の代わりとして成立するのは、あくまでも固定されたレートで金との交換が保証されていること、さらに国庫に金の存在があることで貨幣の価値も担保されているという信用が前提です。

金本位制の復活と想定外の事態が発生

　金本位制のしくみを理解したところで、日本が戦争するきっかけとなった経済的背景を説明していきます。

　1917年に日本は第一次世界大戦のために金輸出を禁じ、金本位

制は機能停止していました。しかし、その後の1930年1月、日本は大蔵大臣の井上準之助が金本位制を復活させます。

　金本位制を復活させた目的は、国際競争力をつけるためです。通貨と金との交換比率を保証することで、外国通貨と円の交換レートが固定されました。

　生徒 ドルの価値尺度も金で、円の価値尺度も金だから、ドルと円の交換レートも一定になるということですね。

　その通りです。当時の多くの国が採用していた固定相場制度に戻るので、先述の通り、貿易がしやすくなるメリットがありました。金輸出解禁を実施することで、外国為替相場を安定させ、輸出の増大を図ることができるためです。

　また、当時の日本では第一次世界大戦を経て、政府の補助金で生き残っていた企業が多数存在していました。この状況では、日本の経済が本当に強いとは言えません。多額の借金を抱えていたり、赤字が続いていたりして倒産しそうな企業を整理したいという思惑もあり、国際競争のなかに日本企業をさらしました。痛みを伴ってでも、日本経済を強くしたいと考えて金本位制を復活させたのです。

金本位制導入後に問題が発生

　ところが、です。金本位制を導入した後に日本は不況に陥りました。原因は、金本位制の導入方法です。

　先述の通り、金本位制では、円の価値と金の価値を結びつけます。このときの基準を「平価」（＝交換レート）と呼びます。

　このとき「平価」の選択肢は2つありました。ひとつは、旧平価で100円＝49.85ドルという金輸出解禁前の相場基準です。もうひとつは新平価で、100円＝46.5ドルという当時の実勢を反映した基準です。

　時の大蔵大臣・井上準之助は、当時の経済実態に合った新平価でなく、経済実態に合わない旧平価で金本位制を導入しました。

　円の国際的信用を落としたくないという配慮から旧平価（金輸出解禁前の相場）で解禁したわけですが、これが実質的に円高を招き、輸出に不利な状況を生み出してしまいました。

生徒 旧平価だと円の価値が過小評価されているから、円に人気が集まってしまったんですね。

　その通りです。

　円高のときはドルの価値が円に対して低くなるので、ドルで支払いを受ける輸出は不利になり、逆にドルで払う輸入は有利です。

　輸入に有利なので、輸入代金としてドルでの支払いが増加し、貨幣と同じ価値をもつ金が国外に流出することにつながりました。

　問題はここです。日本が保有する金の量はあくまで限られています。金本位制では、国が保有する金の量によって、通貨の発行量も制限されます。金の代わりとして貨幣を使っているのですから、金がないのに貨幣を増やすのはおかしいからです。

金本位制のもとで金が外国に流出すると、日本で発行できる国

内通貨＝貨幣の量が減少。金融引き締めと同じ効果をもたらし、不況の原因となったのです。

　ただ、井上準之助はあえて不況を受け入れるつもりでいました。先述の通り、不況によって倒産しそうな企業がつぶれて、強い企業が残る。その結果、長期的に日本の経済は健全になり、国際競争力がつくだろうと考えたからでした。さらに、財政を緊縮する（ここでは金の流出）ことで、対中戦争を見据えて膨張してきた軍事予算を削減する思惑もありました。当時、経済専門家の間でも、この井上の財政金融政策、つまり金本位制の導入は評価されていました。

世界恐慌でさらに事態が悪化

　しかし……想定外のことが世界で発生します。

　それが、1929年10月に始まった世界恐慌です。

　世界恐慌とは、ニューヨークの株式市場での株価の大暴落を原因とした恐慌です。世界恐慌の影響はすさまじいものでした。アメリカの失業率は25％超を記録するほどで、これは2008年のリーマン・ショック、2020年の新型コロナウイルスで増加した失業率よりもはるかに高い数字です。

　日本でも世界恐慌と旧平価での金本位制導入の影響を受けて、「昭和恐慌」（1930～1932年）と呼ばれる不況が深刻化しました。アメリカへの生糸の輸出が激減したり、不況によりお米の需要も減って値段が下がったりしました。特に農村地域で深刻な状況となり、東北や北海道では、天候不順により農作物が全然取れない

不作が重なってしまう不運に見舞われました。

　当時、東北地方の貧しい家庭は自分の子どもを売り渡したりする人身売買が横行していたことを考えると、窮状がどれほどか推して知るべしでしょう。

　このような国内の悲惨な状況がやがて太平洋戦争に向かう原因にもなっていくのです。農村は疲弊している上、国内には資源が乏しい。一方、中国や東南アジアには天然資源がある。だったら、**農村部で余っている人を中国や東南アジアに送り込んで**、**軍事的に侵略しよう**。こういった流れができてしまったのです。

\ ココも ポイント /

1931年12月、当時の高橋是清蔵相は金輸出再禁止を断行し、金本位制に代わって紙幣の発行額を国家が管理統制する管理通貨制度を採用しました。割高だった円のドルとの交換レートを実態に合わせて切り下げ、輸出を刺激したのです。公債を増発し、軍事費や公共事業費を増やす景気回復策をとりました。それにより昭和恐慌から脱出することができましたが、こうした積極財政がそれ以後の軍拡へとつながっていきました。

敗北するとわかっていた
日米戦争に突き進んだ
理由とは

なぜ勝算の低い戦争に突入したのか

生徒 なるほど。戦争の大きな原因が不況や貧困だったのはわかりました。でも、なぜ日本はアメリカに戦争を仕掛けてしまったのでしょうか。日本とアメリカとの国力の差は歴然だったと思います。

ごもっともです。日本とアメリカとの国力の差は歴然ですが、なぜ勝算の低い戦争に突入したのか。これについては、2つの理論で説明できると言われています。

日本が戦争を仕掛けたことを説明する理論

・パワーシフト理論
・プロスペクト理論

ひとつはパワーシフト理論という考え方です。パワーシフト理論とは、国際政治学の理論のひとつで、国と国の力関係が急激に

変化したり、不安定になったりした場合、戦争に発展しやすいという考え方です。特に衰退する国の場合、国力の低下を不安に感じて、敵対国に早めに戦争を仕掛けるインセンティブが働くとされています。

　1941年12月、日本が真珠湾攻撃で第二次世界大戦に参戦した頃のアメリカと日本を比較すると、アメリカは世界恐慌で受けた不況から脱出して景気が回復していました。一方の日本は次の理由から経済力が弱まることが見込まれていました。

　まず、**エネルギー資源の問題**です。

　当時、日本はアメリカから石油を輸入していましたが、アメリカは日本への石油の供給を停止することを決定していました。石油輸入の 7 割をアメリカに頼っていたので、供給が止まってしまうと日本の備蓄量で賄ったとしても、 2 ～ 3 年で底をつくことが見込まれていました。

　次に戦力面です。ヨーロッパで第二次世界大戦が始まった1939年の頃、太平洋地域での日米の戦艦や空母による軍事力の差はそれほどありませんでした。なぜなら、アメリカは、その軍事力を欧州の戦争に振り向けていたからです。ところが、アメリカは大国の経済力で、太平洋地域の軍事力を増強しつつありました。そのため、数年後には太平洋地域での軍事力の面でも、不利な状況に追い込まれることが濃厚となっていたのです。

　こうした状況を踏まえて、**日本はアメリカとの差が拡大する前に戦争を仕掛けるのが得策**と考えました。国力が低下することがわかっているなら、いまのうちに戦争を仕掛けたほうが有利だか

らです。まさしく、パワーシフト理論が働いたのです。

プロスペクト理論はリスクを評価する

　勝算の低い戦争に突入したことを説明するもうひとつの理論
は、2002年にノーベル経済学賞を受賞した、ダニエル・カーネ
マン氏とエイモス・トベルスキー氏によって発表されたプロスペ
クト理論です（図6-5参照）。

図6-5　プロスペクト理論のイメージ

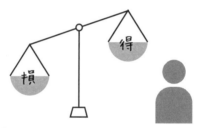

損失を受けることが高いとわかっている場合には、
人はリスクの高い行動をとる傾向がある

　行動経済学に基づくプロスペクト理論では、損失を受ける場合
にはリスク愛好的（追及的）な行動をとる傾向があることがわか
っています。さらに私たちには高い確率ほど低く評価し、低い確
率ほど高く評価するという心理傾向があるとも想定されています。
　わかりやすい例が、宝くじです。宝くじでは1億円が当たる
確率はとても低いのに、「もしかしたら当たるかもしれない」とい

った非合理的で歪んだ判断をすることがありますよね。多くの人は日々の生活のなかでも「確率を正しく認識できず」に行動を取っているのです。

　当時の状況で考えてみましょう。

　まず、実際、当時の軍部が有力な経済学者に日本の国力でアメリカに勝てるのかどうか、シミュレーションを実施させたところ、多くの経済学者の答えは「ノー」でした。日本の国力とアメリカの国力の差から開戦しても勝算が低いことは軍部もわかっていたのです。

　その上で、日本には 2 つの選択肢がありました。

　日本の 2 つの選択肢

> ① 戦争を仕掛けない
> ② 戦争を仕掛ける

　①はアメリカの資金凍結・石油禁輸措置などの経済制裁によって日本の国力は弱ってきており、このままでは 2 〜 3 年後にはアメリカにひれ伏すことになる。それでも戦争を避けることで破滅的な損失を防げるので、これをやむを得ないと考える。

　②は高い確率で決定的な敗北を喫するが、極めて少ない確率で日本に勝算がある。

　すなわち、日本が東南アジアを占領すると、イギリスに対して優位に立てる。これには欧州戦線で同盟国のドイツが欧州で勝利する可能性があることを想定していました。もしそうなればアメ

リカは、日本と戦うメリットが少なくなるため、戦争をやめて日本に有利な形で和解の道を選択することも考えられたわけです。

①では確実に損失が発生します。②では極めて少ない確率ですが、開戦したほうがよい結果が得られるかもしれません。

プロスペクト理論では、開戦する場合の（高い確率での）損失よりも（極めて低い確率での）利得のほうをより大きく評価します。かなりリスキーな選択ですが、そのリスクある選択が冒険的な気分へと昇華していき、日本は開戦へと突き進んでいったということが説明できるのです。

冷静な確率論で考えるのではなく、勝つ可能性を過大評価する心理的な圧力が働いたと考えれば、日本の参戦理由を理解しやすいかもしれません。

第6時限は戦争を経済学の視点から考察してきました。戦争と経済がどれほど深い関係にあることかおわかりになったはずです。

世界各地では現在も戦争や紛争が発生しています。イデオロギーや感情論ではなく、経済との関係から戦争を見つめ直す。そうすることで、世の中の空気に流されない冷静な見方ができるはずです。

special lessons

特別授業

付録
財政政策で景気は
どれほどよくなるのか?

公共事業と減税で
財政政策は
景気回復を狙う

財政政策は国が実施する

　景気は一般的に波があり、よい状態と悪い状態が繰り返されます。ずっとよい状態が続けばいいのですが、残念ながらそのようにはいきません。

　景気が悪いときにはモノが売れずに失業者が増えるなど経済的に困る人たちが出てきます。国内ではなるべく早く景気を回復させようと2つの手段が使われます。

　ひとつは第2時限で取り扱った金融政策です。日銀が国債の買い付けや金利の上げ下げなどを実施して景気を調整するものだと説明しました。もうひとつは、当授業のテーマである財政政策です。政府がお金（＝財源）を使って、私たちが暮らしやすいように経済生活の環境をよくし、景気を調整する方法です。

生徒　日銀は金融政策、政府は財政政策でそれぞれ景気をよくしようとしているんですね。

　はい、その通りです。両者の違いは本授業で述べていきます。まずは景気を調整するための財政政策の種類を知っておきましょう。主に次の２つです。

① 公共事業

　政府が道路や下水道、防災設備など私たちの生活に役立つ事業を展開することです。人々の生活基盤の向上だけではなく、**不況期には新たな仕事を生むことで雇用の拡大を促し、お金を稼ぎやすい状況をつくって景気を刺激します。**

　例えば、政府は新幹線や高速道路、一般道路など生活のインフラを整備して経済面でプラスになる環境を整える努力をしています。これらのインフラを建設することは雇用だけでなく、近隣に企業の工場などが建設されて物流が活性化するといった効果も見込めます。

　最近の公共事業では2030年開業予定の北海道新幹線（新函館～札幌間）の建設工事に事業費約１兆5000億円という巨額のコストを投入しています。狙いは北海道の厳しい地域経済を、大規模な公共事業で活性化させることです。

　政府はコストの約1.7倍となる約２兆5000億円の経済波及効果、雇用では約19万7000人に相当する創出効果を見込んでいます。ただ、見込み通りの経済効果が実現しない場合もあり、そうなれば無駄な公共事業になってしまうという難しい面もあります。

② 減税

　税金の主な種類に、所得税や法人税、消費税などがあります。

政府は不況期の景気対策で、所得税や法人税など個人や企業が納める税金の額を減らします。このような減税を実施することで個人の支出を促したり、企業の収益を改善したりして、私たちの消費や投資を刺激します。

減税はさまざまな場面で実施されています。

例えば1960年代後半は、高度成長による所得の増加や物価の上昇が生じている時期でした。所得の増加は、それに伴って税金のアップにつながります。せっかく所得が増加したのに、税金がアップしてしまっては意味がない。ということで、当時の政府は所得税を減税することで国民の負担軽減を図り、一定の効果を生み出しました。

また、1997年には当時の自民党・橋本龍太郎政権で定額減税が実施されました。山一証券の破綻やアジア通貨危機などの影響を受けた不況を打開するのが目的で、減税の総規模は2.8兆円です。所得税・住民税を合算して1人当たり年間3万8000円の負担が減ったことを考えれば、私たちにとっても実感の湧きやすい施策だったでしょう。

国の家計簿はどうなっている?

公共事業や減税は国の財政政策です。

国は皆さんから税金を集めたり、借金(=国債)をしたりしてその費用を賄っています。では、公共事業や減税はどれくらいの規模で実施されているのでしょうか。

図7-1は2024年の政府の予算構成を表した円グラフです。左

側が国の支出（＝歳出）、右側が国の収入（＝歳入）を表しています。いわば、国の家計簿ととらえていただければわかりやすいでしょう。どの程度の規模でお金のやりくりをしているのか、見てみましょう。

図7-1 令和6年度一般会計予算の構成比

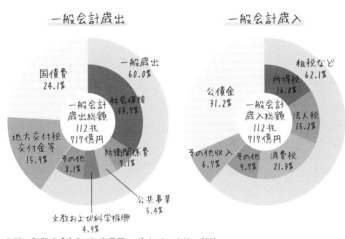

出所：財務省「令和6年度予算のポイント」より一部改

　歳出は約112兆円です。社会保障費や防衛関係費、国債の返還のための費用などが並びますが、基本的に景気を調整する視点で重要なのは、公共事業です。**2024年では、公共事業へのお金は約6兆円**。政府内では「6兆円の予算をどのようにして使用するのか」といった議論をして景気をよくしようとしています。

　一方で歳入を見てください。金額は歳出と同じく、約112兆円

です。内訳は大きく税金と国債に分けられます。

　主要な所得税、法人税、消費税は私たちから徴収して政府の予算になっているわけですが、政府はこれらの税金を減額することで景気を刺激しようとします。

　特に効果が大きいのは、所得税、法人税の減税です。所得税が減税されれば個人の納税額が減って手取りの所得がアップしますし、法人税が減税されれば企業の税引き後の利益がアップするためです。

生徒　消費税の減税は効果を期待できないのでしょうか？

　消費税も主要な税金ですが、不況対策のために一時的に消費税を下げるのはハードルが高いです。一旦引き下げてしまうと、再度引き上げるために国民の理解を得るのが難しくなるからです。現実的に実行するのは難しいといえるでしょう。

　景気対策のために実施される公共事業と減税。現在ではどのような効果が期待されているのか、本授業で見ていきます。

金融政策と比較すると
財政政策がよくわかる

かかる時間と期待する効果が違う

生徒 第2時限で学んだ金融政策も景気対策のひとつだと思います。財政政策は金融政策とどのような点が違うのでしょうか。

はい、どちらも景気対策のためのツールという意味では同じです。しかし、政策を実施するまでにかかる時間や、その政策がもたらす効果が違います（図7-2参照）。

図7-2　財政政策と金融政策の違い

	財政政策	金融政策
時間	国会などの可決・成立手続きがあるため、時間がかかる ✕	月単位で政策実施を判断できるから早い 〇
効果	対象を絞って直接的に公共事業や減税を実施できる 〇	民間全てが対象となるが、資金の量や金利の上げ下げで狙い通りに動くかわからない ✕

まず、**財政政策は金融政策と比べると実施するまでに時間がか**
かります。というのも財政政策では予算を組む必要があるからで
す。

生徒　予算を組むのにそんなに時間がかかるのですか？

　政府がつくる予算には「当初予算」と「補正予算」の２種類があ
ります（図７-３参照）。

図７-３　当初予算と補正予算の比較

	当初予算	補正予算
法的根拠	憲法	財政法
編成期間	９ヵ月程度	１ヵ月程度
国会審議期間	約２ヵ月	数日～１週間程度
査定基準	前年度の当初予算をベースに作成	緊急に見込まれる経費をもとに作成
過去10年の規模	平均96.4兆円	平均10.6兆円

　当初予算とは国の年間予算のことです。
　次年度の当初予算の策定では、前年の４月頃から各省庁で予算
を作るために大まかな検討を始めます。その後、８月頃に各省庁
が次年度に実施する項目と必要な予算を財務省に要求（＝概算要

求）します。財務省はその中身を詳しくチェックして、12月に次年度の当初予算の原案を作成して国会に提出し、翌年3月頃までに国会で可決・成立するのが全体の基本的なプロセスです。**当初予算は9カ月ほどの期間をかけて決まるわけです。**

一方の補正予算とは、その年の予算年度内で発生した予想外の出来事や変更に対応するために急いで編成する予算です。

例えば、年度内に発生した災害や疫病、経済危機などが該当するでしょう。通常は1カ月程度の短期間で補正予算の内容や規模が決められます。当初予算では対応できない事態に、追加的に補正予算を組んで対応する役割があります。

補正予算は毎年11〜12月に組まれることが多く、当初予算よりはスピーディに成立します。ただ、国会にその中身や必要性などを認めてもらうために説明を果たす必要があるのは当初予算と変わりません。

当初予算にせよ、補正予算にせよ、さまざまなプロセスと時間が必要となるため、すぐに実施できるわけではないのです。

一方で、**金融政策は日本銀行による年8回の政策決定会合で議論されます。**ほぼ月単位で政策が判断されていくため、実施のタイミングは財政政策よりも素早いです。

このため、景気が変動する兆しがあっても、財政政策ではすぐに手を打てるわけではありません。金融政策のほうがより機動的な対策が取れるという特徴があります。

財政政策はターゲットを明確に施策を打てる

　政策がもたらす効果でも両者の違いはあります。

　財政政策は対象を明確にした上で、直接的に公共事業や減税にお金を投入できます。公共事業ではどの地域のインフラを建設するのか、減税では所得税であれば所得金額を基準に対象を限定的にして実施することができます。

　一方の金融政策は、中央銀行である日銀が資金の量や金利の上げ下げを通じて間接的に民間の消費や投資を促します。その性質上、対象を明確にしているわけではありません。第2時限で述べたように、そもそも不景気の状態だと、企業や個人は将来の業績や生活に不安を抱いています。買いオペや金利を下げても、企業が銀行から借りたいというニーズが生まれないかもしれません。そうなればお金は企業まで回らずに、期待通りに民間が消費や投資するかは不確実です。

　生徒　なるほど。財政政策は対象を絞って政策を打てるということですね。でも肌感覚でいうと、財政政策にはあまり効果があるようには思えないんだけど……。

　そうですね、おっしゃる通り、最近ではその効果が疑問視されているのも確かです。なぜ効果が実感できないのか、次項で詳しく説明していきましょう。

なぜ私たちは公共事業に
期待しなくなったのか？

公共事業がどれだけ景気に
影響を与えているのか

　次ページの図7-4は「日本経済のマクロモデル」で示された乗数（＝政府支出乗数）という値の推移です。政府が出したお金（仮に1兆円）が、どれだけ（何兆円だけ）日本の経済全体に波及効果があったのかを示しています。

　通常、政府支出乗数の値は1を超えます。政府支出乗数が高い値であればあるほど、財政政策で民間の投資や消費が誘発される効果が大きいことを示します。

　データを見ると、1960〜1970年代の政府支出乗数は、4を超える高い値であったことが読み取れます。

　しかし、その値は時を経るにつれて、下がっていることがわかります。90年〜00年代では1〜2の間を行ったり来たりしているレベルにまで落ち込んでいます。

　この傾向は現在も変わっていません。昔と比べて公共事業の効果が明らかに下がっており、公共事業を展開しても、民間の投資や消費への波及効果が小さくなっているのです。

図7-4　日本経済のマクロモデルの乗数の変遷

公表時期 （　）内は推計期間	名目政府 支出乗数	
	1年目	3年目
1967（54年度から65年度）	2.17	5.01
1970（54年度～67年度）	2.02	4.51
1974（57年度～71年度）	2.27	4.42
1976（60年度～73年度）	1.85	-
1977（65年度～75年度）	1.34	2.77
1981（67年度～77年度）	1.27	2.72
1985（66年～82年）	1.47	2.72
1987（75年～84年）	1.35	2.18
1991（79年～88年）	1.39	2.33
1994（83年～92年）	1.32	2.13
1998（85年～97年）	1.31	1.97

公表時期 （　）内は推計期間	名目政府 支出乗数	
	1年目	3年目
2001（85年～00年）	1.50	1.77
2003（85年～02年）	1.30	1.77
2004（85年～03年）	1.24	1.71
2007（90年～05年）	1.19	1.92
2008（90年～05年）	1.18	2.05
2011（90年～07年）	1.20	2.01
2015（80年～12年）	1.17	1.74
2018（80年～16年）	1.13	1.47

90年〜00年代では1〜2の間を
行った来たりしているレベル

出所：三平剛「乗数効果の低下の要因について」より一部改

　公共事業の効果が薄れているのはなぜなのか。まず、公共事業で私たちの所得が増えても、税金や社会保険料の負担も増えているので、家計が実際に使える可処分所得はなかなか増えていません。そのため、所得から消費に使えるお金も以前ほど多くはないのです。

　また、グローバル化が進展した今日、消費する対象が外国のモノに向けられる割合が大きくなり、国内の消費への支出割合が小さくなってきていることも、消費の波及効果を低下させている理由のひとつです。財政政策の効果が実感できないという皆さんの指摘は、間違いではありません。

なぜ昔は公共事業で高い効果があったのか

生徒 財政政策の効果が少なくなっている理由は他にありますか？

　公共事業が私たちの生活にそれほど必要ではなくなっているということも大きな原因です（図7-5参照）。これは過去と比べるとわかりやすいでしょう。

　例えば、1960～1970年代の日本では、公共事業で高速道路や新幹線といった交通インフラをどんどん建設しました。

　背景には、第二次世界大戦の終戦後の日本の道路は著しく荒廃していたという事情があります。1956年に発行された「米国ワトキンス調査団報告書」では「日本の道路は信じがたいほど悪い。世界の工業国でこれほど完全に道路網を無視してきた国は日本のほかにはない」と記載されるほど、当時の日本の道路は劣悪な状況でした。

　社会インフラが整っていないことは、経済成長の大きな足かせとなります。物流の配送網が未成熟の状態だからです。

　当時は一般道路を整備したり、東海道新幹線、山陽新幹線、東名高速道路、首都高速道路を建設したりすることで、経済を活性化させる好循環を生み出すことができました。

　新幹線や高速道路のようなベースとなる社会インフラが整備されることによって、企業も工場を新たに建設するなど、生産性が上がっていったのです。当時のインフラ整備の波及効果が大きか

ったのはこのためで、日本経済は高度経済成長期で飛躍的に発展していきました。

図7-5　公共事業の効果の変化

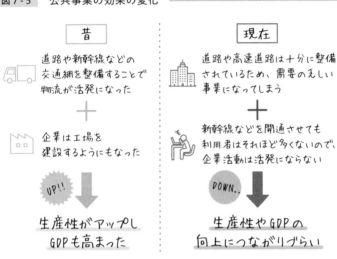

昔
道路や新幹線などの交通網を整備することで物流が活発になった

＋

企業は工場を建設するようにもなった

UP!!

生産性がアップしGDPも高まった

現在
道路や高速道路は十分に整備されているため、需要の乏しい事業になってしまう

＋

新幹線などを開通させても利用者はそれほど多くないので、企業活動は活発にならない

DOWN..

生産性やGDPの向上につながりづらい

なぜ最近の公共事業は効果が低いのか

一方で、近年の公共事業はどうでしょうか。

1960年代の高度成長期に比べるとプロジェクトの数そのものが減ってきていて、事業費金額もここ10年程度はほぼ横ばいです。現在の日本は道路の舗装は進んでいますし、高速道路も全国的に整備が進んでいることから、新規の大型公共事業を実施する機会は減っている状況です。

　最近では新幹線だと、2016年に一部区間が開業した北海道新幹線（青森県青森市〜北海道旭川市間）や、2015年には長野〜金沢間が新たに開通した北陸新幹線などのインフラ建設が実施されました。しかし、これらは幹線というよりも、どちらかというと枝線です。つまり、**それほど多くの人の利用が見込めるものではなく、企業活動にも大きな効果は見込めない事業です。**

　高速道路を見ても、整備の必要性が高い道路はすでに済んでしまっていて、需要の乏しい道路を整備している状態です。

　公共事業を手掛けても、そもそも必要性があまりない。だから、経済を活性化する効果が薄まっているのです。

公共事業のイベントに目新しさがない

　公共事業の効果が明らかに下がっている原因には、公共事業のイベント自体に目新しさがないことも挙げられます。

　1970年代で公共事業の象徴的なイベントに「大阪万博」がありました。大阪万博は77カ国が参加し、世界中から訪日する人が増えて、6400万人を超える入場者を記録しました。この数字は当時の日本の人口の半分以上の割合です。

　話題性も高く、岡本太郎作の「太陽の塔」や月の石が展示されたり、未来の日本の姿を示すパビリオンも紹介されたりするなど、「わくわく・ドキドキ」させるような内容に国民の多くは興奮したものです。

　しかし、**現在は、民間主催でも万博と類似したイベントが各地で開催されています。**例えば、サッカーのワールドカップはオリ

ンピック以上に世界中で関心が高く、巨額のお金が動く大規模な
イベントです。また、有名ミュージシャンのツアー（テイラー・
スウィフトのワールドツアーなど）も経済効果は莫大です。

　民間事業でわくわく・ドキドキさせるイベントがたくさんあ
る。それ自体は素晴らしいことですが、最近の公共事業の必要性
の低下につながっているとも考えられるわけです。そうなると、
仮に大型イベント開催のための公共事業を国が実施しても、現地
に行ってまで観たいという需要が少なくなって大きな効果は望め
なくなります。

　2025年に再度大阪で万博が開催されますが、1970年万博のよ
うな熱気は期待できないでしょう。

公共事業で景気を刺激するには？

生徒 今後、公共事業で景気を刺激することは難しいということ
ですか？

　昔よりは厳しくなっていますが、工夫次第では経済を活性化す
る効果もあるでしょう。例えば、近年最も期待されている施策の
ひとつが、IR（Integrated Resort）です。IRは、カジノだけでな
くホテルや劇場、ショッピングモール、国際会議場、展示場まで
多くの要素が1個所に集結する大規模複合施設です。

　政治的にはギャンブル依存症を増やすのではといった不安の声
が聞かれていますが、経済的な観点から述べればIRを1個所建設
すると、約1万人の雇用が生まれるという試算もあります。

　ポイントは、カジノの周辺に大型ホテルや会議場、それにレジャー施設が建設されることです。一般的にはカジノばかりが注目されがちですが、実はカジノ単体でみるとIRの波及効果は限定的です。海外からの旅行者による国内製品の購入といったインバウンドをも含めた需要をいかに取り込めるのか、それが波及効果の規模に影響を与えるでしょう。

　なお、2024年時点で大阪へのIR建設が予定されています。

　シンガポールや韓国、マカオなどでもすでに展開されていて、国際的な競争も激しいため、日本の事業が想定通りの成果を上げるかどうかは不透明です。

　大阪でのIR事業が想定通りの成功をもたらすには、諸外国の既存の競合施設を上回る付加価値を提供して、外国の観光客を大きく取り込む必要があります。施設などハード面での快適さに加えて、運営・企画などソフト面でのアピールが不可欠です。また、ギャンブル依存症などへの対策をきちんとして、健全な娯楽を享受したい一般国民から多くの支持を取り付けることも必要でしょう。

　日本は総人口が減少しており、すでに社会インフラの整備が進展していたり、民間で実施できない大規模イベントの開催自体が難しかったりする状況です。公共事業による波及効果が低下しているなかで、一部期待されているプロジェクトをどう軌道に乗せるのかというのが現状です。

景気対策で減税を
するのは正解なのか?

減税も昔は景気対策の効果があった

　財政政策のなかで公共事業にフォーカスしてきました。ここからはもうひとつの手段である減税を見ていきましょう。

　過去の日本では減税をすると、一定の効果がありました。

　例えば、高度成長期と呼ばれる1960年代は減税が継続的に実施されていました。当時は、経済の成長に伴って企業業績が拡大していた時期で、賃上げで所得が増加し続けた上に、インフレで物価も上昇していました。

　所得が増えるということは所得税も増えます。そのため、当時、「所得倍増計画」を掲げていた池田勇人内閣は、国民の生活レベルを上げる目的で、所得の増加で増えた税収分は所得税を調整する形での減税を毎年実施しました。

生徒 所得の増加で税金が大きく増えることもあるのでしょうか?

　はい。所得税は所得金額によって税率が変わってくるため、仮に給与が増えても手取りの金額がそれほど増えないこともあるのです。

　池田内閣では減税して私たちの税負担が必要以上に重くならないようにする。消費が促進されて経済発展も続くという理想的な流れが起きていました。

　生徒 いい時代ですね。今もそんな減税をしてほしいけどなぁ。

　それが、最近は減税政策による景気対策への効果はあまり期待できない状況です。1990年代以降にも所得税の減税は実施されてきましたが、消費を刺激する効果はいまひとつでした。

減税の効果が薄れている3つの理由

消費を刺激する効果が低い理由は3つあります。

減税効果が低い原因

① 減税の規模
② 減税のタイミング
③ 私たちに与える印象

　1つ目は減税の規模です。

　減税するときにその対象が広すぎると、1人当たり減税の規模は当然小さくなります。**予算額自体の規模が数千億円だとして**

も、その対象者が膨大なために1人当たりへの減税額も少なくなってしまうのです。

　例えば、国民の大多数を対象に4万円の減税をしたとしても、およそ5兆円もの巨額な予算を必要とします。国全体では5兆円をかけても、国民1人から見れば4万円です。貯蓄に回す人もいるでしょうし、民間の投資や消費にどれだけよい影響を与えるかはわかりません。

　そこで、1人当たりへの金額規模を拡大するために、減税のターゲットを国民全員ではなく、低所得者に絞ったらどうでしょうか。これもあまり効果は望めません。なぜなら低所得者は、そもそも税金を納めている額が少ないからです。先の例で言えば、減税額を10万円にしようとしても、そもそも納税している額が1万円という納税者もいるでしょう。その場合、減税額は1万円にとどまります。

　では低所得者ではなく、中所得者をターゲットに減税したらどうか。中所得者は対象者が多いため、1人当たりの減税の規模がどうしても小さくなります。このように減税の規模と対象者の範囲のバランスが難しいのです。

　2つ目は、減税のタイミングです。

　基本的に減税は継続的な政策ではなく、その年かぎりの政策として実施されます。私たち（＝家計）にとってみれば、一時的に税金の支払いが軽くなるだけであり、懐が豊かになった実感はあまりもてないでしょう。

　仮に賃金がベースアップすることで、毎年の給与水準が上がり続けるのであれば別ですが、「今年は4万の減税があるけれど、

来年にはその減税はなくなる」ということであれば、景気対策の
効果は薄くなります。

　３つ目は私たち（＝家計）に与える印象です。２つ目の理由と
関連していますが、私たちの立場で日本の財政状況を考えると、
今減税しても将来増税されるのではないか。**実質的には減税では
ないのではないか？** 　と想像しやすい状況です。

　特に財政赤字が拡大しているときに、政府が将来の増税を否定
しても、家計は近い将来の増税を予想します。減税によって得た
お金を消費ではなく、貯蓄に回す可能性が高くなるわけです。

図7-6　　所得税減税の効果 1960年代と現在の比較

1960年代

高度経済成長で所得の増加で
増えた税収分を減税して調整していた

↓

背景

①そもそも所得＝賃金が増加していた
②そこに減税が重なり、
　家計に余裕感が増した
③将来増税への心理不安は
　強くなかった

↓

消費を促進して
経済発展も続く

1990年代以降

「失われた30年」のもとで
消費を喚起するために所得税を減税

↓

背景

①1人当たりの減税規模が小さい
②一時的に税金の支払いが軽くなるだけ
③将来増税されるのではないか
　という心理不安

↓

消費は低迷して
経済発展も停滞状態が続く

今後も減税は景気対策としての
効果が期待できない？

生徒 では、有効な減税の施策はないのでしょうか。

そうとも限りません。

例えば、減税と同様の効果を持つ政策に給付金政策があります。減税は税負担を軽減する政策なので、納税者にだけ恩恵が行き渡ります。これに対し、**給付金は納税者に限定されません。国民に補助金を支給する政策なので、納税していない人も恩恵を受けられます。**

特に、低所得者は自由に使える所得の多くを消費に回す（貯蓄する余裕がない）ので、給付金をほとんど消費に回します。消費刺激効果が期待できますし、不況で生活に困窮している低所得の人に財政的な支援をするのは、公平性の観点からも望ましいでしょう。

また、子どもを育てている若いファミリー世帯を税制＋補助金で支援することも重要です。こうした世帯の勤労所得が増えた場合、その一部を所得税で徴収する（通常の所得税ではそうなります）のではなく、逆に給付金（＝補助金）を支給して、勤労意欲を国がサポートすること（＝給付付き税額控除と呼ばれています）も子育て支援として有力な選択肢です。

減税だけではなく給付金をセットにして、国がどのような施策を実施するのか。ニュースを見るときにはこうした視点も大切なポイントのひとつです。

消費税は増税すべきか

　景気をよくするために減税について見てきましたが、ここでは消費税にフォーカスを当ててみます。消費税を増税するとなったら、どう思いますか？

生徒 　毎日の買い物の値段が上がるから嫌です。

　そうですよね。大半の国民は消費税の増税には反対することでしょう。では、なぜ所得税や法人税よりも消費税の増税に批判が向かうのでしょうか。
　ひとつには消費税が逆進性であることが挙げられます。

生徒 　逆進性とはなんでしょうか？

　消費税の逆進性というのは、納税者の間で公平であるべきはずの負担が所得の低い人ほど負担が重くなってしまうことを指します。
　消費税は所得の高さにかかわらず、すべての人に消費額に応じて課税されますよね。

図7-7　消費税の逆進性

年間で1万円分の消費税負担が増えたとしたら……

年収1000万円の人	年収100万円の人

年収が高いために
1万円の影響はそれほど大きくない

年収が低いために
1万円の影響は大きい

生活必需品の購入に
影響が出ることは考えづらい

生活必需品の購入を控えるなど
生活への負担感が強い

消費税増税では低所得者に給付金などの施策がなされるかが重要

　仮に年間で1万円分消費税の負担が増えたとしたら、家計に占める生活必需品などの割合が高い低所得者層ほど影響が大きくなります。なぜなら、年収1000万円の人が消費税に1万円を支払うのと、年収100万円の人が1万円を支払うのとでは、後者のほうが圧倒的に生活への負担感が大きいからです（図7-7参照）。

　つまり、消費税を増税して国民全員からその消費額に応じて均等に税金を徴収しようとしても、低所得者層の負担感が増えてしまう性質があるのです。

　低所得者層に十分な対策が取られないままに、消費税増税がなされていくと、不満の声が大きくなるのは、ある意味仕方のないことです。

　ですから、消費税の増税を検討するとき、低所得者層に給付金などの手当があるかどうかが問題です。実際に、日本で消費税率を引き上げてきたときには、292ページで述べた低所得者への給付金も実施されてきました。こういった対策が十分になされているか。国が低所得者の負担をどのように緩和しているかを見極めることも大切でしょう。

私たちは財政政策に
バイアスをかけている

財政政策の実施には
政治的バイアスがつきもの

　有効な財政政策が実施されるために、皆さんに知っておいてもらいたい知識があります。それは「政治的バイアス」です。

`生徒` バイアスとはどのような意味でしょうか。

　バイアスとは、考え方や態度の偏りのことです。「偏見」とも言います。日常シーンで「あなたの意見はバイアスがかかっている」というやり取りを見かけたことがあるかもしれませんが、これは「あなたの意見は偏った考え方や態度に影響を受けている」といったことを意味します。例えば、「白人は黒人よりも優れている」「女性は男性を引き立てるべきである」などといった偏見もバイアスの一種といえるでしょう。ある種の先入観を持ってしまうことがバイアスです。

政治的バイアスで財政状況が悪化することも

　政治的バイアスとは政治的な偏見を持つことです。

　実際、政治的バイアスによって、客観的で効果的な意思決定が妨げられている事実が存在します。

　以下では、私たちが国に政治的バイアスをかけているという点からお話を進めていきます。

　根拠がない、もしくは本来はそうあるべきではないことを促してしまう政治的バイアスにはどのようなものがあるのか。

　不況期の状況を考えてみるとわかりやすいです。

　積極的な財政対策は不況期に実施されやすい傾向があります。なぜなら私たち国民は、減税や公共事業など景気をよくするための対策は不況期にこそしてほしいですよね。

　国から見れば、不況期の財政対策は国民から理解を得やすいというわけです。同じように、自然災害や非常事態が発生して私たちの生活が苦しいときは、補正予算を組んだ上で追加的な財政政策を実施することも賛同を得やすいです。

　問題は、不況からの脱却のために財政政策を実施し続けるには、継続的に膨大なお金が必要なことです。そのお金をずっと出し続けていたら財政状況が悪化してしまいます。

　国だってない袖は振れません。**本来的には、好況期には増税を実施したり、公共事業を削減したりすることで国の懐具合を調整していかなければなりません。**これは財政規律を維持するために必要なことです。

もし財政規律が維持できなければ、財政状況が悪化したままなので、今度不況になったとしても必要な対策を打てなくなったり、借金頼みの国家運営が破綻するリスクが高まったりします。

日本は財政赤字が続いている状態

図7-8を見てください。

図7-8　税収と歳出と公債発行額の推移

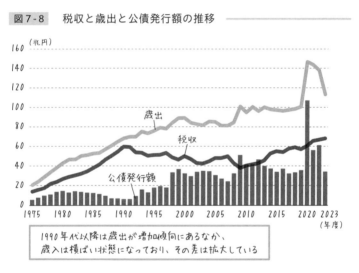

1990年代以降は歳出が増加傾向にあるなか、
歳入は横ばい状態になっており、その差は拡大している

出所：財務省「一般会計税収、歳出総額及び公債発行額の推移」より一部改

　1975年以降の日本の財政状況の推移です。オレンジの折れ線グラフが国の支出（＝歳出）で、グレーの折れ線グラフが税収を示しています。歳出が常に税収を上回っており、常に財政赤字が

続いていることが読み取れます。

　特に1990年以降は歳出が増加傾向にある一方で、税収は横ばい状態なために、その差は拡大しています。

　このことからわかる通り、日本は慢性的に赤字財政が続いていて、近年は特にその程度が悪くなっています。

　なお、2020年、2021年を見ると、歳出が急激に増加していますが、これはコロナウイルスの感染が世界中で拡大していた時期です。大型の補正予算を組んで歳出を増やし、主にコロナ対策費として給付金を国民に配布してきたことが要因です。2022年、2023年度は国債を増発して大型の補正予算を編成しました。

　現在は好況期とはいえないため、増税や歳出削減などの財政政策の引き締めが難しいのは仕方のないことです。しかし、たとえ好況期で私たちの懐が豊かになったとしても、財政政策の引き締めは政治的に難しいでしょう。

　なぜなら、増税などは私たちの今の生活に負担を強います。

　私たちがそれを嫌うことで政治的な圧力が生まれると、選挙での当選を最大の優先事項とする政治家は私たちの声に耳を傾けて、本来は必要な財政規律を維持しません（図7‐9参照）。好況期でも増税や歳出削減などがされないままになってしまうのです。これが政治的バイアスです。結果的に、財政状況が悪化し続ける原因となっていると考えられます。

生徒 好況期になったら、僕たちもある程度の増税を受け入れるという姿勢が必要なのですね。

図7-9　政治的バイアスのイメージ

国民

政治家

政治的バイアス →

私たちは税負担などを嫌うため、
増税や歳出削減などは
しないよう主張する

好況期でも増税や
歳出削減などしない

国の支出が高い状態が続き、
財政状況が悪化へとつながる

「シルバー民主主義」という政治的バイアス

「シルバー民主主義」と呼ばれる政治的バイアスもあります。

シルバー民主主義とは、高齢者が自分たちに有利な政治を実現させることです。

日本は先進国のなかでも高齢者の割合が多い高齢社会です。高齢者が選挙で大きな影響力を持つと、政策の優先順位や予算の分配先が当面の社会保障給付を充実させるなど高齢者に偏りがちになります。事実、若い世代や他のグループにはメリットの少ない施策が実行されがちです。

例えば、2022年から75歳以上の高齢者の医療費窓口負担割合が1割から2割へ引き上げられましたが、その対象となったのは、一定以上の所得のある人で後期高齢者全体の23%にすぎませ

ん。当初はより多くの高齢者を対象とした引き上げが検討されましたが、高齢者の政治的な抵抗が強く、実現しませんでした。

　高齢者は現役世代に比べて給与などの収入は少ない一方、資産を多く保有するケースもありますので、きちんと資産などを把握し、負担してもらうべきでしょう。高齢者向けを中心とする社会保障給付が増える一方で、高齢者の負担がそれほど増えないままだと、子育て支援や都市部のインフラ整備といった将来の成長に向けた投資にお金が回りにくくなります。

　財政規律を維持する目的は、将来的に求められる必要な予算を確保するためです。しかし、高齢者は若者世代と比べて寿命が短いため、財政規律を維持する意義をあまり感じられません。将来の恩恵を受ける可能性が低いためです。

　ですから、**有権者に高齢者が多くなると、財政規律を維持することが難しくなります。**

生徒 高齢者の意見が強くなって彼らの政治的バイアスが強く働くことも、私たちはよく理解しながら国がどんなことを進めようとしているのか見なければいけませんね。

　そうですね。さて、ここまで特別授業で景気をよくするための財政政策を見てきました。

　説明してきましたように、量的に公共事業を増やしたり、減税規模を大きくしたりするだけで景気がよくなるとは言えません。

　日本経済が低成長にとどまっている限り、需要を刺激する財政政策に限界があります。また、財政赤字が累増している厳しい財

政事情も考慮すると、財政出動の量ではなくて、その中身である質を重視した賢い財政政策が求められます。

　民間の経済活動を活性化させる公共事業はその例になります。広く薄く公共事業をばらまくのではなくて、国際競争力が期待できる分野や地域に集中する公共事業、例えば、基幹の港湾施設を強化したり、大都市部での空港整備を充実させたりすると、幅広い波及効果が期待できます。当面の景気対策よりも、将来の経済活性化に寄与することを意識した財政政策が必要です。

おわりに

　最後までお読みいただきありがとうございます。

　本書は経済学の基本的な原理・原則を、具体的な事例に基づいて3時間で読み終えるように、わかりやすく説明した入門書です。

　本書で想定したような（人間は合理的であるという）経済合理性や（自由な競争を想定している）市場の完全さは、実際の経済社会ではうまく働いているとも言えないでしょう。それでも、例えば、需要と供給の相対関係で値段が決まるという価格決定の経済原則がいろんな分野に応用できるのを知っておくことは有益です。モノの値段や資産価格がどう動くのか、景気はこれからどうなるのか、日本経済の再生は可能なのか、日銀の金融政策は私たちの生活にどう影響するのか、グローバル化はよいことなのかなど、さまざまな場面で原理・原則を踏まえた上で、経済学の想像力を働かせてみてください。

　経済問題を皆さんが自分の頭で考える上で、本書が少しでも役立つことを願っております。

2024年3月　東京大学名誉教授　井堀利宏

著者紹介

井堀利宏 (いほり・としひろ)

1952年、岡山県生まれ。政策研究大学院大学名誉教授。東京大学名誉教授。専門は財政学・公共経済学・経済政策。東京大学経済学部経済学科卒業、ジョンズ・ホプキンス大学大学院博士課程修了（Ph.D取得）。東京都立大学経済学部助教授、大阪大学経済学部助教授、東京大学経済学部助教授、同大学教授、同大学院経済学研究科教授を経て2015年同大学名誉教授。同年4月より政策研究大学院大学教授、2022年4月より現職。著書に『大学4年間の経済学が10時間でざっと学べる』（KADOKAWA）『政治と経済の関係が3時間でわかる 教養としての政治経済学』（総合法令出版）などがある。

超速 経済学の授業　　　　　〈検印省略〉

2024年 4 月 23 日 第 1 刷発行
2024年 7 月 11 日 第 2 刷発行

著　者——井堀 利宏（いほり・としひろ）
発行者——田賀井 弘毅
発行所——株式会社あさ出版
〒171-0022 東京都豊島区南池袋 2-9-9 第一池袋ホワイトビル 6F
電　話　03 (3983) 3225 (販売)
　　　　03 (3983) 3227 (編集)
F A X　03 (3983) 3226
U R L　http://www.asa21.com/
E-mail　info@asa21.com
印刷・製本　(株) 光邦

note　　　http://note.com/asapublishing/
facebook　http://www.facebook.com/asapublishing
X　　　　http://twitter.com/asapublishing